青少年
体育活动课程设计
足球运动

体育活动课研创组　编

人 民 邮 电 出 版 社
北 京

图书在版编目（CIP）数据

青少年体育活动课程设计. 足球运动 / 体育活动课研创组编. -- 北京 : 人民邮电出版社, 2022.8
ISBN 978-7-115-58514-1

Ⅰ. ①青… Ⅱ. ①体… Ⅲ. ①体育活动－青少年读物②足球运动－青少年读物 Ⅳ. ①G8-49②G843-49

中国版本图书馆CIP数据核字(2022)第011886号

免责声明

作者和出版商都已尽可能确保本书技术上的准确性以及合理性，并特别声明，不会承担由于使用本出版物中的材料而遭受的任何损伤所直接或间接产生的与个人或团体相关的一切责任、损失或风险。

内容提要

“青少年体育活动课程设计指导丛书”面向负责学校体育活动的组织者，以促进青少年健康发展为基本理念，提供了一系列关于开展体育活动课程的丰富参考内容，涉及体能训练、篮球、足球、羽毛球、乒乓球等体育活动的具体实施方案。

本书首先介绍足球运动的起源与发展、场地与装备、简单规则等基础知识，然后针对课程实施过程中会用到的热身与放松、足球技术和组织训练方法进行具体介绍，基于此提供了 16 个实操性较强的课程方案，每节课程均按照热身活动、技术教学、组织训练和放松活动的顺序合理地安排教学，寓教于乐，旨在为青少年体育教育课程的设计者和开展者提供有效参考，进而为青少年提供有趣又科学的体育活动。

◆ 编　　　　体育活动课研创组
责任编辑　李　璇
责任印制　马振武

◆ 人民邮电出版社出版发行　　北京市丰台区成寿寺路 11 号
邮编　100164　　电子邮件　315@ptpress.com.cn
网址　https://www.ptpress.com.cn
北京瑞禾彩色印刷有限公司印刷

◆ 开本：700×1000　1/16
印张：8.25　　　　2022 年 8 月第 1 版
字数：170 千字　　2022 年 8 月北京第 1 次印刷

定价：49.80 元

读者服务热线：(010)81055296　印装质量热线：(010)81055316
反盗版热线：(010)81055315
广告经营许可证：京东市监广登字 20170147 号

编委会

前言

各类报道显示，我国中小学生体质指标连续近 20 年呈总体下滑趋势，成为后续“亚健康”问题的源头，也给社会带来了深深的隐忧。在数字互联网和人工智能飞速发展的大时代背景下，体育运动对促进儿童和青少年身心的全面协调发展更加具有不可替代的重要作用，儿童青少年身体素质的发展，将直接影响到中华民族伟大复兴战略目标的实现，这也是当前“双减”政策出台的重要背景之一。

著名教育家蔡元培先生提出：“完全人格，首在体育”。强健学生体魄，帮助下一代培养健康积极的生活习惯和运动家精神，有利于其正确人生观和价值观的塑造，也是民族复兴的百年大计。实际上，体育是学生全面发展的基础，强健的体魄和良好的运动能力不仅能提高学生的身体素质，也可以间接地提高学生的学习效率，促进德、智、体、美、劳的全面发展。孩子要健康成长，形成良好的锻炼习惯和掌握科学训练的方法非常关键，而学校体育课是孩子掌握体育技能和练习方法最重要的阵地，特别是针对当前火热的球类运动教学，如足球、篮球、乒乓球、羽毛球等，体育课需要更加结构化和科学化，需要系统的安排热身活动、放松运动，在技术教学的同时进行多元化组织设计，嵌入符合学生年龄特点的游戏和互动环节，调动学生的兴趣和积极性。

本书主要适用于学校负责开展体育活动的教师，包括专职体育教师、兼职体育教师、各类体育活动组织者等，以中小学生作为授课对象，贯彻科学练习、寓教于乐的原则，让儿童青少年在增强体质、提升技能的同时，更好地体会到球类运动的魅力。

全书共 6 章，第 1 章是关于足球的基础知识，便于教师开课时进行基础性的介绍；第 2~4 章分别对热身与放松、足球技术和组织训练方法进行具体介绍，课程实施者通过详细阅读这一部分，可以准确掌握动作要点，从而正确有效地指导学生的动作；第 5 章提供了 16 个课程方案，每节课程由热身活动、技术教学、训练组织与放松活动四个部分组成，将足球技术与集体游戏融合于一体，可以帮助教师完成一节内容丰富且结构完整的足球课；第 6 章提供一些关于运动防护和应急处理的小知识，可以帮助降低学生受伤风险，让教师更加科学、安全、系统地安排好教学课程。

需要注意的是，本书第 5 章所介绍的 16 个课程方案是一套完整的学期课程内容，方案中每个身体练习或技术动作都可在书中对应页码找到详细讲解。在实际教学中，教师可按照本书提供的课程顺序进行一学期的教学，也可针对不同年龄学生选取部分课程进行教学。此外，教师也可以根据学生的技能水平情况及场地设施条件，对书中的各部分内容进行针对性的调整，增加课程的新鲜感和互动性，帮助学生更好地掌握足球技术与技能，提升身体素质和增强运动表现，进而最大程度地激发学生的运动热情。

CONTENTS 目录

第 1 章　足球基础知识

第 2 章　热身与放松

目录 CONTENTS

第 3 章 足球基础技术

目录 CONTENTS

第 4 章　足球组织训练方法

第 5 章　课程组织方案

CONTENTS 目录

第1章

足球基础知识

1.1 足球运动的起源与发展

古代足球运动源自中国的球类游戏“蹴鞠”，现代足球运动则起源于英国。校园足球运动萌芽于16世纪，到19世纪时已非常兴盛。1848年，英国剑桥大学制定了基本的足球比赛规则。1863年10月26日，一些足球俱乐部、学校和足球爱好者召开会议，成立英格兰足球协会，草拟出统一的比赛规则，这一天因此被称为“现代足球的诞生日”。现代足球是世界上最具有观赏性、精彩性和竞技性的运动，被称为“世界第一运动”。

观赏点

- 从地面到空中的立体式竞争、快速的攻守转换和激烈的对抗都能牢牢抓住观众的视线。单个球员的技术、团队成员之间的配合、教练的战术部署和裁判的现场判罚均影响着比赛结果，胜负难以预料，因此足球比赛的每一秒都充满悬念、扣人心弦。

1.2 足球运动的场地

足球场

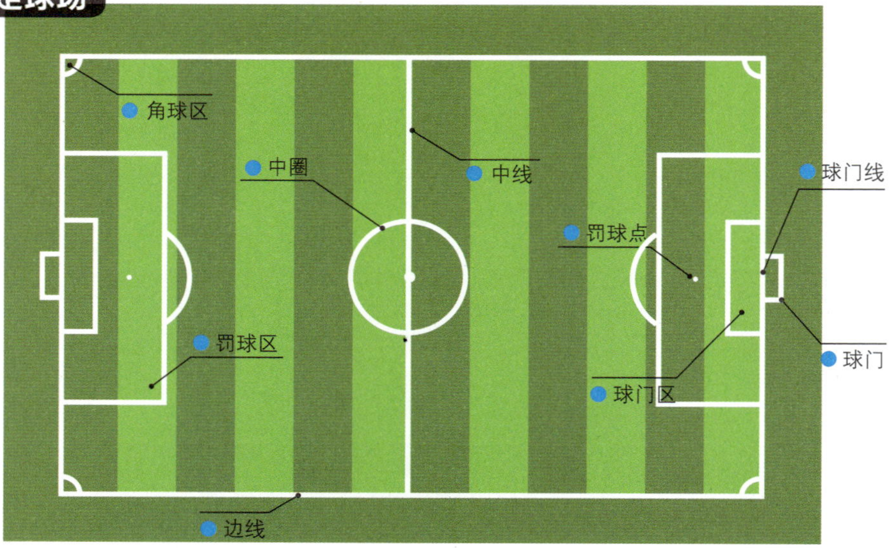
角球区
中圈
中线
球门线
罚球点
罚球区
球门
球门区
边线

用于国际性比赛的足球场的标准尺寸为：长 100~110 米，宽 64~75 米。足球场中铺设天然草皮。由于割草机的切割方向、草的断面和生长方向以及反射光线的角度不同，足球场会显示出深浅相间的颜色。这种颜色既有助于缓解球员和观众的视觉疲劳，也有助于裁判更精准地判罚。

- **角球区**

当球最后触碰守方球员且从球门外越过球门线时，攻方球员在离出界处较近的角球区开角球。开角球时，球员不得移动角旗杆，可直接射门。守方球员与球的距离应大于 9.15 米。在球被其他球员触及前，开角球的球员不得再次触球。

- **中线**

中线用于划分前、后半场，前半场为对方半场，后半场为己方半场。

- **边线**

如果球压线，为界内；如果球在空中出线，即便未落地，也为出界。

- **球门**

球门挂有球门网，由守门员把守，将球攻入对方球门 1 次可得 1 分。

- **球门线**

球的整体越过球门线才算进球有效。

- **罚球区**

当防守球员在该区域犯规时，攻方球员获得点球或间接任意球机会。

- **罚球点**

罚球点为罚点球时足球摆放的位置。

- **中圈**

每个半场比赛开始时和进球得分后，攻方 2 名球员在中圈内开球，其余的球员应在中圈之外。开球时可直接射门。注意，双方在比赛开始前通过掷硬币来决定谁能获得挑选场地和开球的权利。另外，在全场比赛结束后，双方队员和裁判员都集中在中圈内互相握手以示友好。

- **球门区**

当球最后碰触攻方球员且从球门外整体越过球门线时，守方球员在该区域任意位置开球门球。开球门球时，应将球开至罚球区外，可直接射门。此时，攻方球员应在罚球区外。球门球开出后，在球被其他球员触及前，开球的队员不得再次触球。

1.3 足球运动的装备

● 足球

足球外壳由皮革等材料制成，周长为 68~70 厘米，重 410~450 克。

● 足球服

足球服应为有袖的运动上衣和短裤（守门员可穿长裤），在颜色上与对手有鲜明的区别，上面一般标有队名、球员的名字和号码。

● 足球袜与护腿板

足球袜长度在膝盖下方，弹性和包裹性极佳，能够保护小腿。

护腿板被放置于足球袜中，用于保护胫骨。

● 足球鞋

足球鞋底部一般有鞋钉，包括适用于雨天松软草皮的钢钉、适用于天然草皮的长钉、适用于较好人造草皮的短钉、适用于一般人造草皮的人造草皮专用钉和适用于人工塑料场地的碎钉等。

1.4 足球比赛的规则

比赛时间

90:00

足球正式比赛全场时间为 90 分钟，由上、下两个半场组成，每个半场的比赛时长为 45 分钟，中场休息时间不超过 15 分钟。正常情况下，上半场补时大概 1 分钟，下半场补时 3 分钟左右。若比赛是淘汰赛，必须决出胜负，则比赛双方在常规时间内打平就进入 30 分钟的加时赛；若比赛双方在加时赛中依旧打平，则通过罚点球分出胜负。

比赛人数

场上最多同时存在 22 人，双方出场球员均为 11 名，其中 1 名为守门员，替补球员最多 5 名，每队单场换人次数最多为 3 次且换下球员不得再次上场。如果由于受到红牌处罚或伤病等，任何一方的场上球员不足 7 名时，比赛就不能继续进行。

任意球

任意球是一种在足球比赛中发生犯规后重新开始比赛的方法，分直接任意球和间接任意球两种。当球员草率、鲁莽地使用过大的力量踢或企图踢、绊摔或企图绊摔、打或企图打、跳向、冲撞、推搡、拉扯对方球员，断球时先触及对方球员而非球，向对方球员吐口水，或故意手球时，对方球员可在规定地点开直接任意球，此时可直接射门；罚球区内的直接任意球称为点球。当球员有其他犯规行为时，对方球员可在规定地点开间接任意球，此时不得直接射门。

黄牌和红牌

英格兰裁判雅士顿发明了黄牌和红牌，目的是免除判罚时的语言误会。球员在有持续不断的假摔或冲撞守门员等犯规行为时，会受到黄牌警告；球员在有辱骂其他球员、裁判或观众等严重犯规行为时，会受到红牌处罚，被驱逐离场，此时球队要在缺人的状态下继续比赛（但当任何一方的场上球员不足 7 名时，比赛无法继续）；球员在同一场比赛中得到两张黄牌时，等同于得到一张红牌。

越位

越位指在对方半场，球员处于越位位置且获利。角球和界外球、球门球并不算越位。

- 越位位置：离对方球门倒数第二近的对方球员与球门线之间的区域。
- 获利：接到队友踢向球门的传球、在队友射门时阻挡守门员的视线等。

越 位

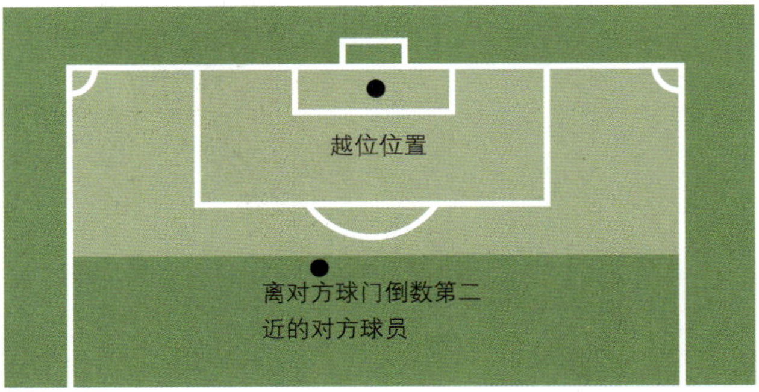
越位位置
离对方球门倒数第二
近的对方球员

第2章

热身与放松

NIKE

2.1 斜抱腿

训练部位 下肢、臀部

主要肌肉 前腿髋关节外侧肌群、后腿髋关节屈肌

POINT 要点提示

在拉伸过程中保持胸部挺直，收紧支撑腿一侧的臀大肌。

动作步骤

1. 身体直立，双脚间距与肩同宽，腹部收紧，抬头挺胸，目视前方。

2. 右膝尽量抬至胸前，右手扶右膝，左手扶脚踝呈“摇篮”状，缓慢用力向上提拉；同时左脚全脚掌撑地，收紧支撑腿一侧的臀大肌；保持背部挺直，拉伸动作持续 1 ~ 2 秒。右脚向前落地。

3. 换至对侧，循环进行，直至完成规定次数。

1
2
3

2.2 后交叉弓步

训练部位 下肢、髋部和臀部

主要肌肉 大腿外侧阔筋膜张肌、臀大肌和髂胫束等肌群

POINT 要点提示

保持胸部挺直，重心在前脚跟上，下蹲时前侧腿膝关节不要超过脚尖。

动作步骤

1. 身体直立，双脚间距与肩同宽，腹部收紧，胸部挺直，双臂前平举。
2. 右腿后撤一步置于左腿后方约 45 度角位置，双腿呈交叉站立姿势，深蹲至感受到左腿外侧肌肉有中等强度的牵拉感，拉伸动作持续 1 ~ 2 秒。
3. 保持双臂前平举，慢慢起身；站起后，双臂放下，置于身体两侧，右脚收回，恢复站立姿。换至对侧，循环进行，直至完成规定次数。

1
2
3

2.3 毛毛虫爬

训练部位 躯干、下肢、核心、肩部

主要肌肉 大腿腘绳肌、小腿腓肠肌等肌群

POINT 要点提示

保持膝盖伸直，腹部收紧，肩与躯干发力，用手走时，可通过双手超过头顶位置来增加难度。

动作步骤

1. 身体直立，双脚间距与肩同宽，腹部收紧，挺胸抬头，目视前方。
2. 屈髋弯腰，双臂伸直向下，双腿伸直。双手撑地，指尖朝前，向身体前方爬行；同时双腿尽量保持伸直状态，始终感觉腿部后侧肌肉有较强的牵拉感，双手移至头部正下方，直至无法支撑身体。
3. 双臂不动，双腿伸直，双脚向双手方向行走，直至形成直立站姿。恢复初始动作，循环进行，直至完成规定次数。

1
2
3

2.4 屈髋外展跳

训练部位 全身

主要肌肉 髋部肌群、小腿三头肌

POINT 要点提示

始终保持身体挺直、腹部收紧，掌握好起跳时机，有节奏地跳跃，注意要以前脚掌着地。

动作步骤

1. 身体呈直立姿站立。双腿伸直，双脚分开，双手扶髋。

2. 抬一侧腿屈髋屈膝并向外侧展髋的同时，另一侧腿原地垫步跳，接着抬起腿落地跳动的同时，换另一侧完成屈髋屈膝并向外侧展髋的动作。双腿交替进行，完成规定的次数，回到起始姿势。

1
2

2.5 踝关节八字跳

训练部位 全身

主要肌肉 髋部肌群、小腿三头肌

POINT 要点提示

起跳时后背挺直、腹部收紧、挺胸抬头，落地时注意膝盖要保持弯曲。

动作步骤

1. 身体呈直立姿站立。双腿伸直，双脚分开约与肩同宽，双臂自然垂于身体两侧。

2. 保持背部挺直，腹部收紧，双脚分别以脚跟和脚尖为轴，呈八字内收和外展向身体一侧跳动。重复八字跳动，完成规定的距离或次数，回到起始姿势。

1

2

2.6 波比跳

训练部位 全身

主要肌肉 核心肌群、下肢肌群

POINT 要点提示

撑地时，头部、躯干与双腿尽量保持在一条直线上。

动作步骤

1. 身体呈直立姿站立，双臂伸直自然放于身体两侧，目视前方。
2. 保持腹部收紧，屈髋屈膝俯身至双手在肩部正下方触地。
3. 双臂伸直，双手触地支撑，伸髋伸膝双脚同时向后跳至头部、躯干、双腿在一条直线上。
4. 接着屈髋屈膝将双脚跳回，呈下蹲姿势。
5. 起身跳起，同时双臂向上伸展至在头顶上方并轻轻触碰。回到起始姿势。重复以上步骤，并完成规定的次数。

1
2
3
4
5

2.7 俯卧登山步

训练部位 核心

主要肌肉 核心肌群

POINT 要点提示

腹部核心肌肉始终保持紧张，臀部发力带动双腿运动。

动作步骤

1. 身体呈四点支撑的俯撑姿势（双手和双脚脚尖着地）。保持双手支撑于肩部的正下方，距离与肩同宽，双臂伸直。双脚并拢，脚尖触地支撑。

2. 保持腹部收紧，一侧腿屈髋屈膝至髋部下方，然后屈膝腿向后回到起始姿势。换至对侧，重复以上步骤。两侧交替进行并完成规定的次数或时间。

1
2

2.8 徒手蹲－相扑式

训练部位 下肢、臀部

主要肌肉 股四头肌、臀肌、腘绳肌、腓肠肌、比目鱼肌

POINT 要点提示

下蹲时保持腰背挺直，避免弓背弯腰。

动作步骤

1. 身体呈直立姿站立。双腿伸直，双脚分开略大于肩宽，挺胸收腹，下颌微收，双手自然垂于身体前侧。

2. 保持背部挺直，腹部收紧，屈髋屈膝下蹲，至大腿约与地面平行，双臂向下伸直垂于身前。快速站起，回到起始姿势，重复以上步骤，并完成规定的次数。

1
2

2.9 弓步跳

训练部位 下肢

主要肌肉 股四头肌、臀肌、腘绳肌、腓肠肌、比目鱼肌

POINT 要点提示

挺胸收腹，保持核心稳定。

动作步骤

1. 身体呈弓步姿势。前侧腿的大腿与地面平行，后侧腿膝部几乎触地。挺胸收腹，下颌微收，双手放在身体两侧，自然摆放。

2. 双脚蹬地发力向上跳起，并交换双腿的前后位置，同时双臂向上摆动。落地后，重复以上步骤，并完成规定的次数。

1　　2

2.10 十字象限跳

训练部位 下肢、神经系统

主要肌肉 臀大肌、股四头肌和腘绳肌

POINT 要点提示

跳跃时双脚尽量保持并拢。

动作步骤

1. 身体呈直立姿站立，双脚并拢，双手叉腰。站在用十字分开的一块区域内（A 区域）。

2. 双脚蹬地从 A 区域跳向 B 区域。

3. 双脚蹬地从 B 区域跳向 C 区域。

4. 双脚蹬地从 C 区域跳向 D 区域。从 D 区域跳回到 A 区域，重复以上步骤，并完成规定的次数。

D
C
B
A
1
2
D
C
B
A
D
C
B
A
3
4
D
C
B
A

2.11 碎步跑

训练部位 全身

主要肌肉 股四头肌、小腿三头肌、臀肌、踝部肌群

POINT 要点提示

碎步跑时，身体重心始终放在前脚掌上。另外稍高的跑步频率有助于保持重心稳定。

动作步骤

以运动姿站立。双脚间距略比肩宽，手臂前后摆动，重心位于前脚掌。保持背部挺直，以较高的频率碎步跑。始终保持较低的摆臂频率，控制脚步节奏由慢变快，到达最快速度后尽可能保持几秒再减速，同时尽可能保持上、下肢的协调。完成规定的时间。

2.12 开合跳

训练部位 全身

主要肌肉 下肢肌群

POINT 要点提示

开合跳时，应注意膝关节不要锁死，否则容易引起关节损伤。

动作步骤

1. 身体呈直立站姿，核心收紧，腰背挺直，双脚间距约与肩同宽，双臂伸直并自然垂于身体两侧，挺胸抬头，目视前方。

2. 保持腹部收紧，双腿蹬地，向上跳起，双臂伸直，上举至双手轻轻触碰，同时双腿打开。下落的同时，双臂下摆，双脚靠拢。重复以上步骤，完成规定的次数或时间。

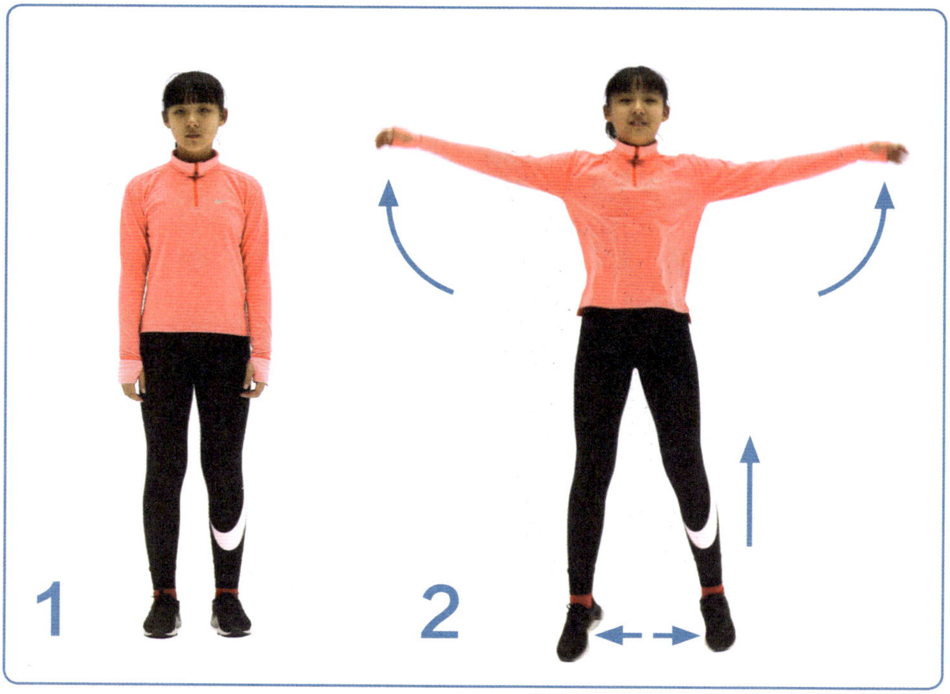
1
2

2.13 向后弓步 + 旋转

训练部位　胸椎、躯干和髋部

主要肌肉　髋关节屈肌、臀大肌、腹内斜肌和腹外斜肌

POINT 要点提示

向后弓步时，前腿膝关节不要超过脚尖。拉伸的同时收紧臀大肌。

动作步骤

1. 身体呈直立站姿，双脚间距与肩同宽，腹部收紧，抬头挺胸，目视前方。

2. 右腿上抬，然后右脚向后跨步，呈弓步分腿蹲姿势，右脚的前脚掌撑地；左侧大腿与地面基本平行；双手交叠置于左侧大腿上。

3. 躯干慢慢向左侧旋转至最大幅度，同时左臂随躯干向身体后方外展，目视左手，右手置于左侧小腿外侧，拉伸动作持续 1 ~ 2 秒。回到初始动作，换至对侧，两侧交替进行，直至完成规定的次数。

1
2
3

2.14 向后弓步走–腘绳肌拉伸

训练部位 下肢和髋部

主要肌肉 腿部和髋部的所有伸肌

POINT 要点提示

手臂上举时伸直、贴耳，躯干前倾幅度以双手可置于前脚后侧为宜。

动作步骤

1. 身体呈直立站姿，双脚并拢，腹部收紧，挺胸抬头，目视前方。

2. 右脚上抬，然后右脚向后跨步，身体下蹲至右侧膝关节几乎触地、左侧大腿与地面基本平行，之后双手用力举过头顶。

3. 屈髋，双臂向前、向下伸展，双手置于前脚后侧；同时伸直左侧膝关节进行腘绳肌拉伸。回到初始动作，换至对侧，两侧交替进行，直至完成规定的次数。

1
2
3

2.15 对侧前后手碰脚

训练部位 全身

主要肌肉 髋部肌群、小腿三头肌

POINT 要点提示

躯干挺直，重心要保持稳定，手脚相碰时尽量保持躯干处于直立的状态。

动作步骤

1. 身体呈直立站姿，双脚间距大于肩宽，双臂自然垂于身体两侧，保持腹部收紧。
2. 抬起一侧腿，屈髋屈膝，并用对侧手与该侧脚触碰。接着换另一侧完成该动作。
3. 向后屈膝并用对侧手向后与该侧脚触碰。接着换另一侧完成该动作。重复对侧前后手碰脚动作，完成规定的时间或次数。

1
2
3

2.16 振臂跳

训练部位 全身

主要肌肉 肩部肌群、髋部肌群、小腿三头肌

POINT 要点提示

保持有节奏地跳跃，注意以前脚掌着地，同时要控制手臂摆动的幅度。

动作步骤

1. 身体呈直立站姿，双脚间距小于肩宽，双臂自然垂于身体两侧。
2. 保持腹部收紧，抬起一侧腿，屈髋屈膝至大腿与地面接近平行，向后、向上伸展同侧手臂，对侧手臂向上伸直，举过头顶，同时另一侧腿向前垫步跳。
3. 重心前移，在抬起腿向前落地并跳动的同时，换另一侧完成提膝振臂的动作。双腿交替进行，完成规定的次数或时间。

1
2
3

2.17 最伟大拉伸

训练部位 臀部和下肢

主要肌肉 髋关节屈肌、腘绳肌、腓肠肌和臀大肌等

POINT 要点提示

始终保持后腿膝关节不接触地面，拉伸时处于伸直状态，注意收紧臀大肌。

动作步骤

1. 身体呈直立站姿，双脚间距与肩同宽，腹部收紧，挺胸抬头，目视前方。

2. 左脚向前迈步，呈左弓步；右腿伸直，右脚前脚掌撑地。俯身，右手手掌撑地，左肘尽量贴地并置于左脚内侧，拉伸动作持续 1 ~ 2 秒。

3. 左臂从左腿内侧向上外展，目视左手，双臂呈一条直线，拉伸动作持续 1 ~ 2 秒。

4. 左臂收回，双手置于左侧大腿两侧，指腹触地；右腿屈膝；左腿从屈膝变为伸直，脚跟撑地，脚尖勾起，拉伸动作持续 1 ~ 2 秒。回到初始动作，换至对侧，双腿交替进行，直至完成规定的次数。

1
2
3
4

2.18 对侧肘碰膝垫步跳

训练部位 全身

主要肌肉 肩部肌群、髋部肌群、小腿三头肌

POINT 要点提示

注意保持前脚掌着地，有节奏地跳跃。确保每次跳跃时手肘都触碰到膝部。

动作步骤

1. 身体呈直立站姿，双脚间距小于肩宽，双臂自然垂于身体两侧。
2. 保持腹部收紧，抬起一侧腿，屈髋、屈膝，并用对侧手肘碰触抬起腿的膝部，同时另一侧腿原地垫步跳。
3. 抬起腿落地并进行垫步跳的同时，另一侧腿抬起，并用对侧手肘触碰该侧膝部。双腿交替进行，完成规定的次数。

1
2
3

2.19 高抬腿

训练部位 全身

主要肌肉 股四头肌、腓肠肌、比目鱼肌、核心肌群

POINT 要点提示

抬起一侧的腿尽量上抬至大腿与地面平行，换腿动作要迅速。

动作步骤

1. 抬头挺胸，身体呈直立站姿。目视前方，双臂自然垂于身体两侧。

2. 抬持躯干挺直，抬一侧腿屈髋屈膝至大腿与地面接近平行，同侧手臂自然后摆。对侧腿单脚掌撑地，手臂屈肘，上摆至胸前。

3. 抬起腿落地的同时，换另一侧完成该动作，双腿交替进行，完成规定次数或时间。

1
2
3

2.20 侧弓步 + 体前屈

训练部位 全身

主要肌肉 股四头肌、臀大肌、腘绳肌、耻骨肌、大收肌、长收肌、竖脊肌

POINT 要点提示

进行侧弓步动作时，注意膝关节不要过伸；触地时，核心收紧，尽量保持双腿伸直。

动作步骤

1. 双脚并拢呈直立站姿，抬头挺胸，目视前方，双臂紧贴身体两侧，双手掌心对立。

2. 右腿屈膝下蹲，左腿向左侧迈出，重心移到右腿，身体呈侧弓步姿势。双脚脚尖朝前，全脚掌贴地。上半身前倾，双手握拳靠拢于胸前，掌心向后。

3. 起身伸直双腿，左腿迈向右腿右后方，双腿呈交叉站立。上半身前倾，双臂垂于体侧。

4. 俯身，双臂自然垂落于腿前，指尖触地，腹部收紧。恢复起始姿势，换至对侧，重复以上步骤并完成规定次数。

1
2
3
4

2.21 侧滑连续并步

训练部位 下肢

主要肌肉 髋外展肌群、髋内收肌群

POINT 要点提示

全程注意降低身体重心，保持身体稳定，双脚之间始终保持一定距离。

动作步骤

1. 双腿微屈，背部挺直，双脚间距大于肩宽，双臂侧平举，目视前方。
2. 左脚保持不动，右脚贴着地面向右侧滑一步，重心放低，上半身保持稳定。
3. 右腿保持屈膝状态，左脚跟着向右侧滑动，重心侧移，上半身姿势不变。
4. 双腿距离拉近，但不并拢。两侧腿以上述方式重复进行，完成规定次数或距离。

1
2
3
4

2.22 后踢腿

训练部位 下肢

主要肌肉 腘绳肌、腓肠肌、比目鱼肌

POINT 要点提示

进行后踢跑动作时，注意收紧腹部，上身不要过度前倾。

动作步骤

1. 抬头挺胸，身体呈直立站姿。目视前方，双臂自然垂于身体两侧。

2. 双臂后旋置于臀部，掌心朝后，一侧腿屈膝，小腿后踢直至脚后跟碰触掌心；另一侧腿微屈撑地。

3. 上半身微前倾，支撑腿发力向前跳，抬起腿落地的同时，支撑腿后踢触碰掌心。两侧腿以上述方式交替进行后踢，匀速向前跑动，完成规定次数。

1
2
3

2.23 燕式平衡 + 体前屈

训练部位 全身

主要肌肉 臀大肌、腘绳肌、竖脊肌

POINT 要点提示

保持身体重心稳定，向下触地的过程中，注意保持核心收紧，控制动作的稳定性。

动作步骤

1. 抬头挺胸，身体呈直立站姿。目视前方，双臂自然垂于身体两侧。

2. 双臂侧平举，与躯干呈 90 度角。向前俯身并将一侧腿后抬，后抬腿和躯干呈与地面平行的一条直线，另一侧腿微屈单脚掌撑地。

3. 屈髋俯身，双臂与地面接近垂直，手指指腹撑地。上半身呈倾斜状，腹部收紧，支撑腿屈膝，后抬腿保持不变。回到起始姿势，换对侧重复以上步骤，完成规定次数。

1
2
3

2.24 半跪姿股四头肌拉伸

训练部位 下肢

主要肌肉 股四头肌、屈髋肌群

POINT 要点提示

保持背部挺直，向身体前部推髋。

动作步骤

1. 身体呈前后腿半跪姿势；左腿在前，屈膝呈 90 度角；右腿在后，右膝着地，右手握住右脚脚背；背部挺直，左臂伸直上举过头顶。

2. 右手尽量将右脚拉向右侧臀部，身体慢慢前倾，直至右腿股四头肌和屈髋肌群有中等程度的牵拉感，拉伸动作持续 2 秒左右。

3. 恢复初始动作，换至对侧，双腿交替，直至完成规定次数或时间。

1
2
3

2.25 跪姿背阔肌拉伸

训练部位 肩部、背部和髋部

主要肌肉 背阔肌

POINT 要点提示

拉伸时，背部挺直，肩部与颈部保持放松，不要耸肩。

动作步骤

身体呈俯身跪姿，臀部向下坐于脚后跟上；背部尽量挺直，双臂伸直过头顶，前臂、双手触地，指尖朝前，面部朝地。整个拉伸动作持续 15 ~ 30 秒。

2.26 猫狗式－胸椎伸展

训练部位 躯干（胸椎）

主要肌肉 背阔肌、菱形肌、腹肌、肩部肌群

POINT 要点提示

双臂伸直尽量与地面垂直，双脚脚尖触地。

动作步骤

1. 身体呈俯身跪姿，双臂伸直，双手撑地，指尖朝前；背部挺直，与地面基本平行；目视双手方向。
2. 在呼气的过程中，腰背部尽可能地向下弯曲，头部抬起，目视前上方，拉伸动作持续 2 秒左右。
3. 收腹收臀的同时吸气，腰背部尽可能地向上拱起。
4. 恢复初始动作，循环进行，直至完成规定次数。

1
2
3
4

2.27 侧卧股四头肌拉伸

训练部位 肩部、背部和髋部

主要肌肉 股四头肌、屈髋肌群

POINT 要点提示

保持背部挺直，拉伸时拉伸腿尽量抬离地面。

动作步骤

1. 身体呈右侧卧姿，头枕于右臂上；左侧屈髋屈膝，左臂伸直，左手握住左脚脚踝。

2. 左手将左脚向左侧臀部拉，直至左腿股四头肌和屈髋肌群有中等程度的牵拉感，拉伸动作持续 2 秒左右。

3. 恢复起始姿势，换至对侧，双腿交替直至完成规定次数或时间。

1
2
3

2.28 仰卧抱膝拉伸臀大肌

训练部位 躯干

主要肌肉 躯干伸肌、背阔肌、菱形肌和臀肌

POINT 要点提示

当肩膀从地面抬起时，深呼气。在拉伸过程中均匀地呼吸。

动作步骤

1. 身体呈仰卧姿，头部与躯干紧贴地面；双腿屈髋屈膝，双臂自然置于身体两侧贴地，双手张开，掌心朝下。

2. 双手交叉抱住双膝下部，将双腿拉向胸部，同时头部与肩部离地，贴近双膝，直至目标肌肉有中等程度的牵拉感。保持拉伸动作，直至达到规定时间。

1

2

2.29 4 字拉伸

训练部位 臀部和下肢

主要肌肉 臀肌和梨状肌

POINT 要点提示

当双手抱住大腿拉向胸部时，深呼气。
在拉伸过程中均匀地呼吸。

动作步骤

1. 身体呈仰卧姿， 双腿弯曲，右脚交叉置于左腿大腿上，呈“4”字形；双手交叉抱住左腿大腿，将左腿抬离地面。

2. 双手继续抱住左腿大腿并拉向胸部，直至目标肌肉有中等程度的牵拉感。保持拉伸动作，直至达到规定时间。对侧亦然。

1
2

2.30 眼镜蛇拉伸

训练部位 躯干

主要肌肉 腹直肌

POINT 要点提示

当双手从地面上推起身体时，呼气。当回到起始姿势时吸气。

动作步骤

1. 身体呈俯卧姿，胸部尽量贴近地面；双臂屈肘置于胸部两侧，双手与前臂触地支撑躯干；目视正下方。

2. 下肢不动，双臂伸直，将胸部推离地面，目视前方，直至腹肌有中等程度的牵拉感。保持该拉伸动作至规定时间。

1
2

2.31 坐姿蝶式拉伸

训练部位 下肢

主要肌肉 内收肌、髂肌

POINT 要点提示

拉伸时，要缓慢有力，不要用蛮力以免造成受伤。

动作步骤

1. 身体呈坐姿，背部挺直；双腿屈膝，双脚脚底靠拢；双臂自然下垂，双手分别握住双脚踝关节，并将前臂分别压在大腿膝关节内侧；目视前方。

2. 头部、胸部缓慢向双腿间靠拢，直至内收肌有中等程度的牵拉感。保持拉伸动作，直至达到规定时间。

1

2

2.32 鸽子式拉伸

训练部位 髋部、臀部和下肢

主要肌肉 屈髋肌群和梨状肌

POINT 要点提示

拉伸过程中均匀、缓慢地深呼吸。

动作步骤

1. 左腿屈膝置于身体前侧，右腿尽量伸直置于身体后侧；双臂伸直，双手撑地；目视地面。

2. 双腿不动，上半身缓慢前倾、下压，直至目标肌肉有中等程度的牵拉感。保持拉伸动作，直至达到规定时间。对侧亦然。

1
2

2.33 麻花拉伸

训练部位 躯干（胸椎）、下肢

主要肌肉 髂胫束、股四头肌、髋部肌群

POINT 要点提示

拉伸过程中均匀、缓慢地进行深呼吸。

动作步骤

身体呈仰卧姿，双腿上下交叉，右腿在上、左腿在下，右腿屈膝呈 90 度角，左手抓住右腿膝关节部位。左腿屈膝呈 90 度角，右手抓住左脚脚踝部位，直至目标肌肉有中等程度的牵拉感，拉伸动作持续 15 到 30 秒。恢复初始动作，换至对侧，继续拉伸 15 到 30 秒。

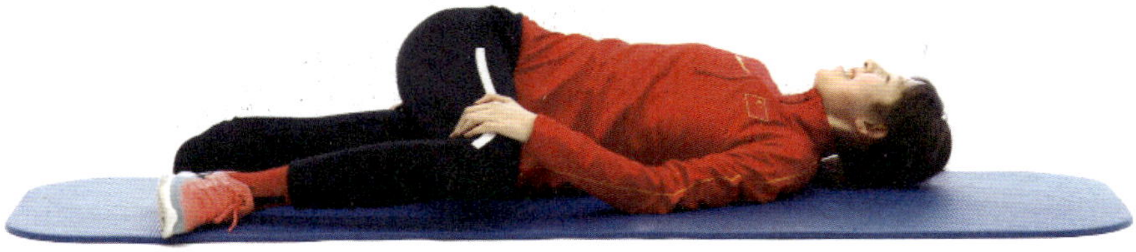

2.34 一字马拉伸内收肌

训练部位 髋部和下肢

主要肌肉 内收肌、髂肌、腘绳肌

POINT 要点提示

含胸低头靠向地面时，深呼气；在拉伸过程中，保持均匀地呼吸。每个动作应保持 15 到 30 秒。

动作步骤

1. 身体呈坐姿，双腿分开尽量外展，双膝微屈；双臂置于双腿内侧，双手触地；目视前方。

2. 腿部不动，双臂前伸，含胸低头靠向地面，直至内收肌有中等程度的牵拉感。保持拉伸动作，直至达到规定时间。

1
2

2.35 腓肠肌拉伸

训练部位 小腿

主要肌肉 腓肠肌

POINT 要点提示

在拉伸过程中，躯干挺直，重心前移，使前侧腿的踝关节背屈，直至后侧腿的腓肠肌有一定程度的牵拉感。

动作步骤

1. 以弓步姿站立，躯干挺直，前侧腿屈膝、屈髋，后侧腿伸直。

2. 躯干保持挺直，身体重心前移，使前侧腿的踝关节背屈，直至后侧腿的腓肠肌有一定程度的牵拉感，保持该动作，直至达到规定的时间。对侧亦然。

1
2

2.36 体前屈

训练部位 下肢

主要肌肉 大腿后侧肌群

POINT 要点提示

不论是站姿还是坐姿，双腿始终保持伸直不弯曲，双手尽量触碰到脚尖。

动作步骤

站姿

1. 抬头挺胸，身体呈直立站姿。目视前方，双臂自然垂于身体两侧。

2. 保持核心收紧，屈髋俯身，双手指尖尽力触碰脚尖，并保持双腿伸直，保持规定时间。恢复起始姿势，完成规定次数。

1

2

坐姿

1

2

1. 身体呈坐姿，双腿伸直，躯干直立，双手撑在身体两侧。手掌贴地，指尖向前。

2. 两腿伸直，上身前倾，双臂伸直向前至双手触碰脚尖，保持规定时间。恢复起始姿势，完成规定次数。

2.37 站姿拉伸小腿

训练部位 下肢

主要肌肉 比目鱼肌、腓肠肌

POINT 要点提示

拉伸时身体微微前倾，双腿保持伸直状态，拉伸一侧脚跟始终与地面接触。

动作步骤

1. 双手叉腰站立，核心收紧，腰背挺直。双腿伸直，右脚脚尖靠在踏板上，脚跟着地。

2. 身体微前倾，重心前移，保持双腿伸直状态，至前腿小腿肌群有中度程度牵拉感，保持规定时间。恢复起始姿势，两侧交替进行，完成规定次数或时间。

1

2

2.38 侧弓步

训练部位 下肢和髋部

主要肌肉 大腿内侧肌群

POINT 要点提示

保持胸部和背部挺直，脚尖始终向前，保持重心稳定且膝关节不要超过脚尖。

动作步骤

动态 / 静态

1

1. 身体直立，双脚间距与肩同宽，腹部收紧，挺胸抬头，目视前方。

2.（动态）右脚向右侧迈步，呈侧弓步，身体重心移至右腿；双脚脚尖朝前，全脚掌贴地。双臂前平举，与肩同高，掌心朝下；同时身体下蹲，左腿伸直。**恢复起始姿势。换至对侧，两侧交替进行，直至完成规定的次数。**

（静态）右脚向右侧迈步，呈侧弓步，身体重心移至右腿；双脚脚尖朝前，全脚掌贴地。双臂前平举，与肩同高，掌心朝下；同时身体下蹲，左腿伸直，保持拉伸动作至规定时间。恢复起始姿势，换至对侧进行。

2

2.39 单腿屈髋

训练部位 下肢

主要肌肉 腘绳肌

POINT 要点提示

在拉伸时，不要用力按压膝关节，在身体能接受的范围内体会到牵拉感即可。

动作步骤

1. 以左脚在前、右脚在后的姿势站立；左脚脚跟撑地，左腿尽量伸直；右腿屈膝支撑身体，双手置于左侧膝关节上方；目视前方地面。

2.（动态）腿部不动，上身前倾至腘绳肌有中等程度的牵拉感，目视左脚前方地面。恢复起始姿势。换至对侧，两侧交替进行，直至完成规定的次数。

（静态）腿部不动，上身前倾至腘绳肌有中等程度的牵拉感，目视左脚前方地面。保持拉伸动作至规定时间。恢复起始姿势，换至对侧进行。

动态 / 静态

1
2

2.40 站姿股四头肌拉伸

训练部位 下肢

主要肌肉 股四头肌

POINT 要点提示

保持膝盖指向地面，拉伸时不要过度伸展下背部，保持核心收紧。

动作步骤

1. 直立，双脚间距与肩同宽，腹部收紧，抬头挺胸，目视前方。

2.（动态）左脚全脚掌撑地，左腿成为支撑腿；右腿向后屈膝，右手抓住右脚脚背或脚踝，将其拉向臀部；同时左臂上举，右手用力拉伸右侧股四头肌。恢复起始姿势，换至对侧，两侧交替进行，直至完成规定的次数。

（静态）左脚全脚掌撑地，左腿成为支撑腿；右腿向后屈膝，右手抓住右脚脚背或脚踝，将其拉向臀部；同时左臂上举，右手用力拉伸右侧股四头肌，保持规定时间。恢复起始姿势，换至对侧进行。

动态 / 静态

1
2

第 3 章

足球基础技术

3.1 脚弓原地停球

教学重点 让学生熟练掌握脚弓原地停球的动作要领，能够将足球停稳。

教学难点 提高脚弓原地停球的准确度。

技术教学

1
2
3

1. 身体摆正，以放松的状态准备接球。

2. 放松身体，一边认真观察来球，一边将接球脚横放。

3. 接球脚不要后撤，卸力后像包住球面一样触球。

POINT 动作要点

身体正面和支撑脚的脚尖面对来球，支撑腿微屈，接球腿和接球脚外展，准备用脚弓内侧接球，接球脚抬起至球的中间位置。

3.2 脚弓迎球停球

教学重点 让学生熟练掌握脚弓迎球停球的动作要领，尤其是停球时支撑脚的位置和脚触球的部位。

教学难点 根据来球的速度和力量调整主动迎球的时机。

技术教学

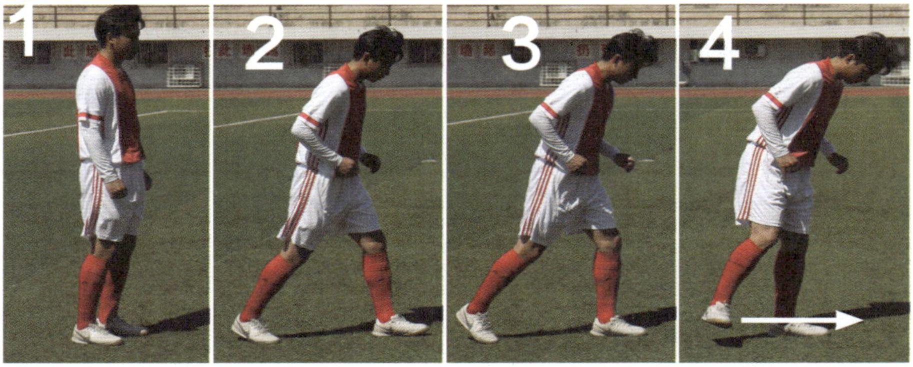
1
2
3
4

5
6

1. 一边认真观察来球，一边调整向前移动的速度。
2. 上身微微前倾，瞄准时机准备出脚。
3. 支撑脚稍微向前蹬地，朝向来球，停球脚准备抬起。
4. 停球脚抬起并外旋，脚弓朝向来球。
5. 停球脚向前摆动迎球。
6. 脚弓与球接触，直接带球或传球等，衔接下一个动作。

POINT 动作要点

脚弓触球，在触球的瞬间停球脚要有一个轻微的前踢动作，以使来球力量减弱，提高停球的准确度。

3.3 外脚背停球

教学重点 让学生熟练掌握外脚背停球的动作要领，能够将足球停稳。

教学难点 用外脚背停球后快速衔接下一动作。

技术教学

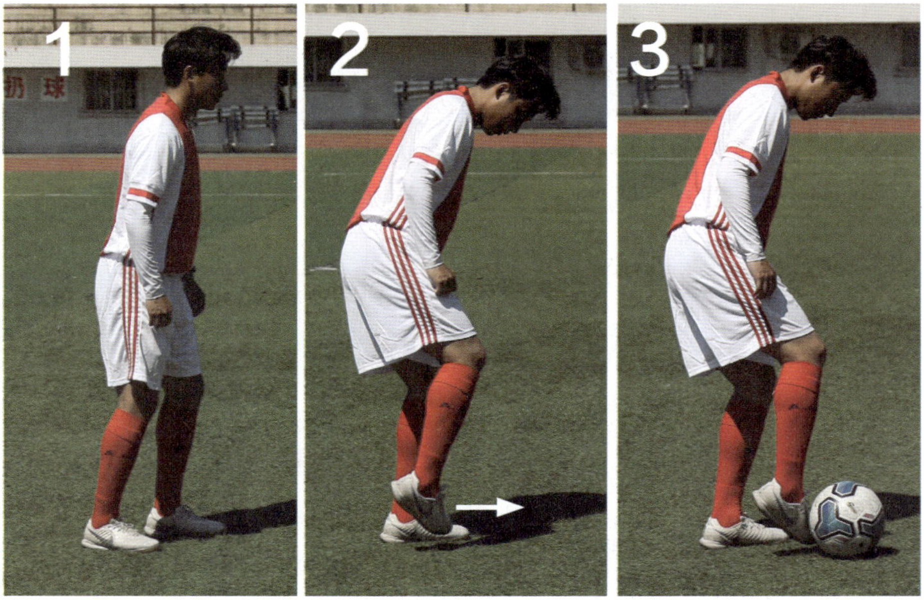
1
2
3

1. 身体放松，为出脚做准备。

2. 配合球速，停球脚一侧的踝关节向内旋转，同时抬起停球腿。

3. 在触球的瞬间停球脚卸力。若动作熟练、迅速，外脚背停球后更容易衔接下一个动作。

POINT 动作要点

迎球时，踝关节向内旋转，脚背朝向来球方向。

3.4 外脚背迎球停球

教学重点 让学生熟练掌握外脚背迎球停球的动作要领，能根据来球方向快速调整外脚背的位置。

教学难点 掌握外脚背触球的位置。

技术教学

1
2
3

1. 认真观察来球并向前移动，根据球速，支撑脚在合适的位置踩实。

2. 双腿微屈，停球脚侧的踝关节向内旋转，然后停球脚向前迎球。

3. 在触球的瞬间停球脚发力，调整球移动的距离，并根据来球的力量调整踝关节用力大小。

POINT 动作要点

触球位置

用外脚背停球时，尽量使用脚的前端，也就是脚趾位置触球，以使来球的力量得到充分缓冲。避免使用脚背的后上部停球。

3.5 脚弓踢球

教学重点 让学生熟练掌握脚弓踢球的动作要领，保证支撑腿的位置正确。

教学难点 用脚弓触球后，膝关节继续向前送，直至触球脚踏地。

技术教学

强
1

强
体
2

3

体
4

1. 身体放松并直立，脚与球之间留出能让支撑脚踩在球的侧后方的距离，准备启动。
2. 支撑脚准确踩在球的侧后方，触球腿顺势抬起，支撑脚的脚尖朝向出球方向。
3. 旋转触球脚一侧的踝关节，使脚弓朝向球，触球腿下摆，触球时瞬间发力将球踢出。
4. 触球后，触球脚顺势向前踏地。这一跟进动作能提高踢球的准确性。

POINT 动作要点

用脚弓踢球时，支撑脚的位置至关重要，一定要落在球的侧后方。

3.6 脚弓不停球踢球

教学重点 让学生熟练掌握脚弓不停球踢球的动作要领，能根据来球方向准确踢球。

教学难点 准确预判支撑脚的位置。

技术教学

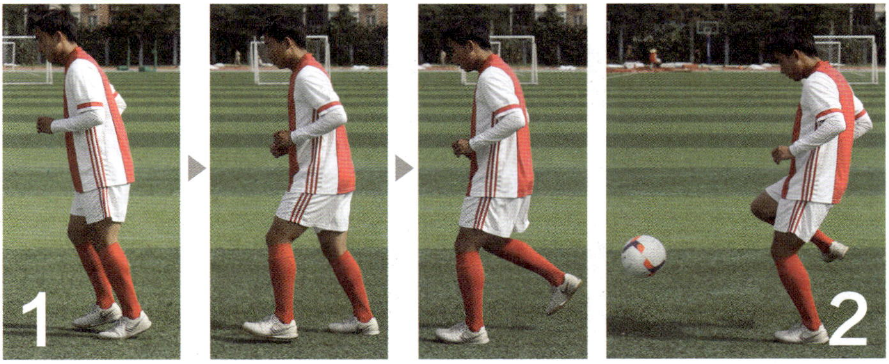
1
2

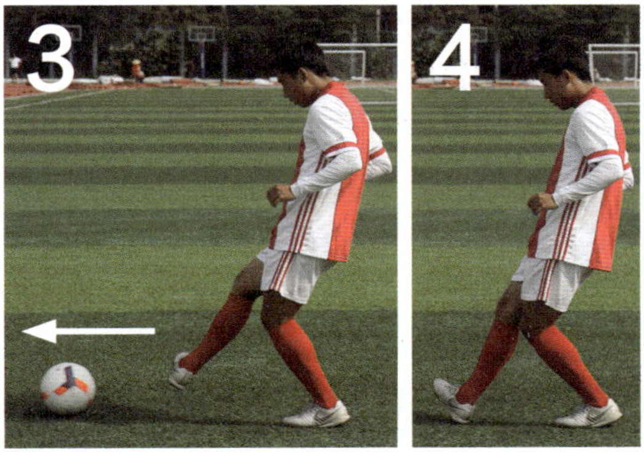
3
4

1. 身体放松，认真观察来球并以助跑形式向来球方向移动。

2. 看准球的运动轨迹，支撑脚的脚趾抓地，触球脚由后向来球方向抬起。

3. 在球着地的瞬间，用脚弓踢球的中心偏上位置。上身正对来球，保持身体平衡。

4. 踢球后，脚跟顺势踩地。

POINT 动作要点

脚弓要在球着地的瞬间触球，这就需要学生准确预判来球方向，触球脚不能过高或过低，支撑脚也需要根据来球方向灵活调整位置。

3.7 脚背踢球

教学重点 让学生熟练掌握脚背踢球的动作要领，学会身体扭转带动腿部发力的技巧。

教学难点 踢球的位置要准确。

技术教学

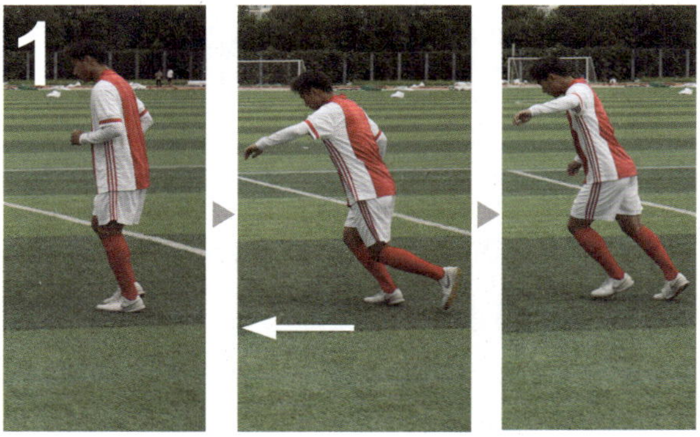
1

1. 向前跑动并调整脚步，上臂自然张开。

2. 支撑脚在球侧踩实的瞬间，身体扭转带动腿部发力。然后，身体放松，触球腿稍微屈膝，脚背朝向球；触球脚在即将触球时减速，接着触球腿小幅度摆动，这样即可踢出地滚球。

3. 踢球后，触球脚顺势向前踏地。

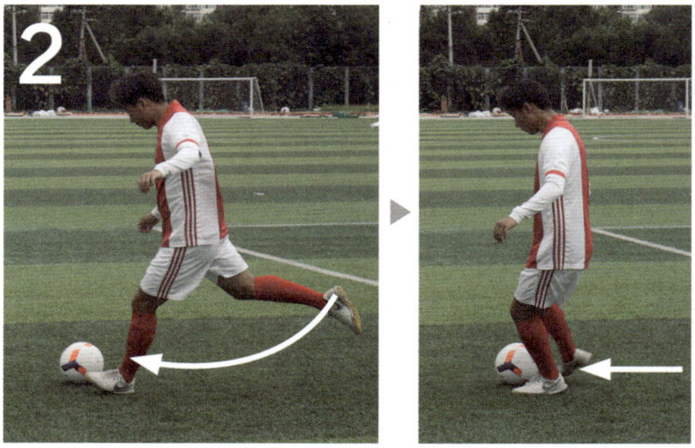
2

3

POINT 动作要点

要利用转身的力量带动腿部发力，从而使踢出的球的速度加快。

3.8 脚背不停球踢球

教学重点 让学生熟练掌握脚背不停球踢球的动作要领，能够准确把握踢球时机。

教学难点 准确预测来球的落点。

技术教学

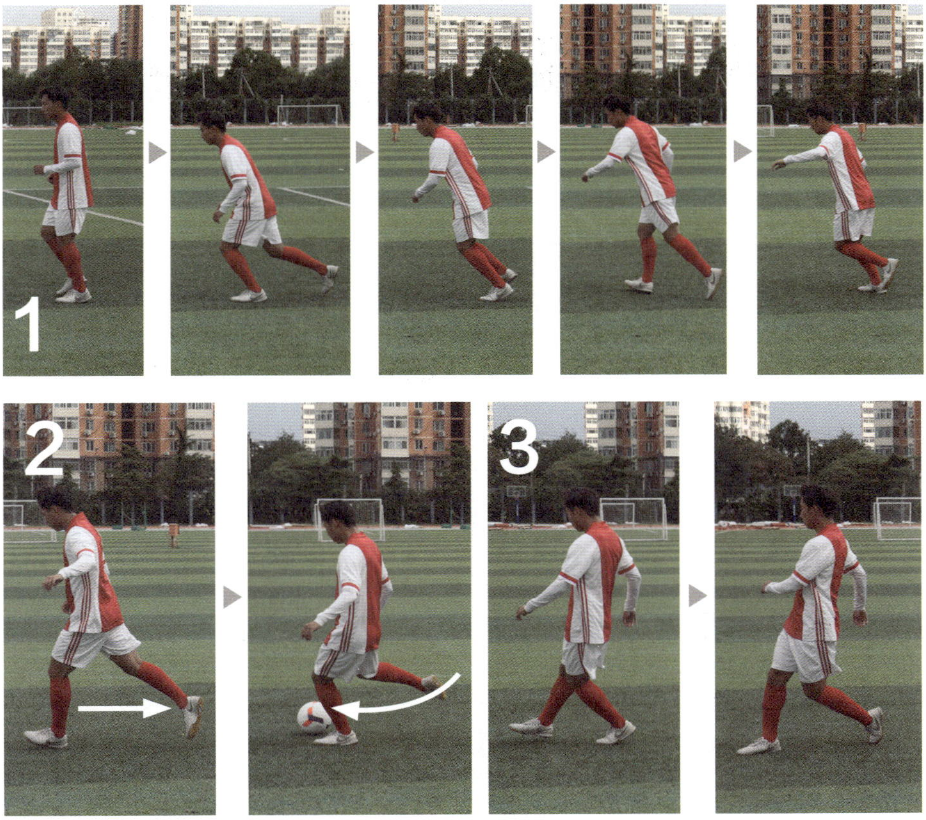
1
2
3

1. 预测来球的落点并迅速移动，在快到落点时双臂自然张开。
2. 配合球落地的时机向后摆腿。支撑腿微屈，在球落在膝盖下方较低的位置时，使用脚背中心部分将球踢出。
3. 踢球后，触球脚顺势向前踏地。

3.9 颠球

教学重点 让学生熟练掌握颠球的动作要领，培养学生的球感。

教学难点 用身体的合理部位连续颠球。

技术教学

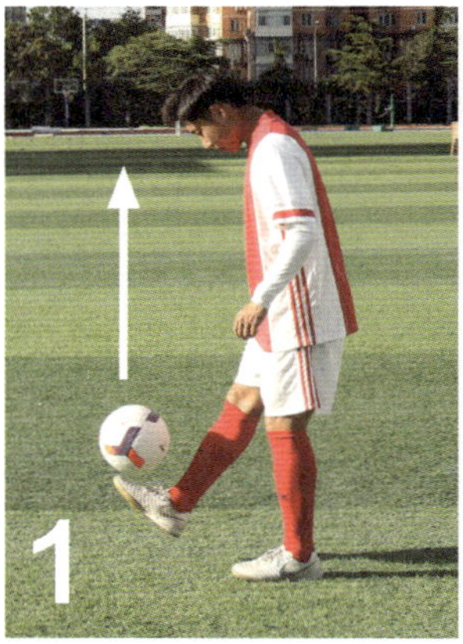
1

2

3

1. 用右脚脚背踢球的底部中心位置，让球垂直向上弹起，力量不宜过大。

2. 右脚落地，左脚准备抬起。

3. 左脚脚尖勾起，用相同的方法向上颠球。双脚交替颠球。

POINT 动作要点

全身保持放松状态。颠球时，踝关节要保持稳定。

颠球时，视线始终不离开球。

3.10 单脚向后拖球

教学重点 让学生熟练掌握单脚向后拖球的动作要领，体会踩球时身体重心的变化，提高其灵敏性，增强其平衡感。

教学难点 拖球时重心转换，身体各部位协调配合。

技术教学

1

2

3

4

1. 带球前进。
2. 当对方球员阻断球的行进线路时，加速移动，左脚快一步在球的侧前方踏实，重心随之前移。
3. 左脚用力蹬地，身体后移，右脚掌踩着球的顶部并将球向侧后方拨动。
4. 身体快速向球的行进方向转动，完成重心转换，并衔接下一动作。

3.11 脚内侧带球跑

教学重点 让学生熟练掌握传球和带球跑的技巧，学会用适宜的力量进行脚内侧带球跑。

教学难点 停球与带球跑动作的衔接。

技术教学

1
2
3

1. 球员 A 快速将球传给球员 B。

2. 球员 B 使用脚内侧控球并带球向另一侧锥桶跑动。

3. 完成到达另一侧锥桶处后，球员 B 将球回传给球员 A，同时跑回自己的起始位置。循环进行，球员 A 和 B 先完成 10 个回合的练习，前 5 个回合中使用右脚向左脚传球，后 5 个回合中使用左脚向右脚传球。接着，球员交换位置练习。

场地设置

2 个锥桶相距 4~7 米，1 个足球和 2 名球员。

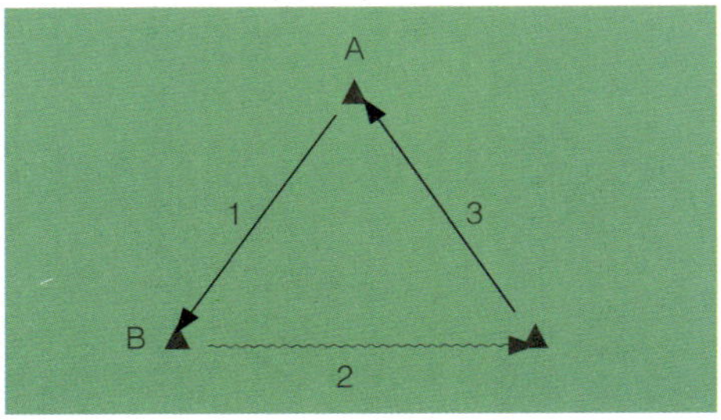
A
1
3
B
2

3.12 脚内侧带球变向

教学重点 让学生熟练掌握传球和带球跑的技巧，以及脚内侧带球变向的动作要领。

教学难点 带球变向时对球的控制。

技术教学

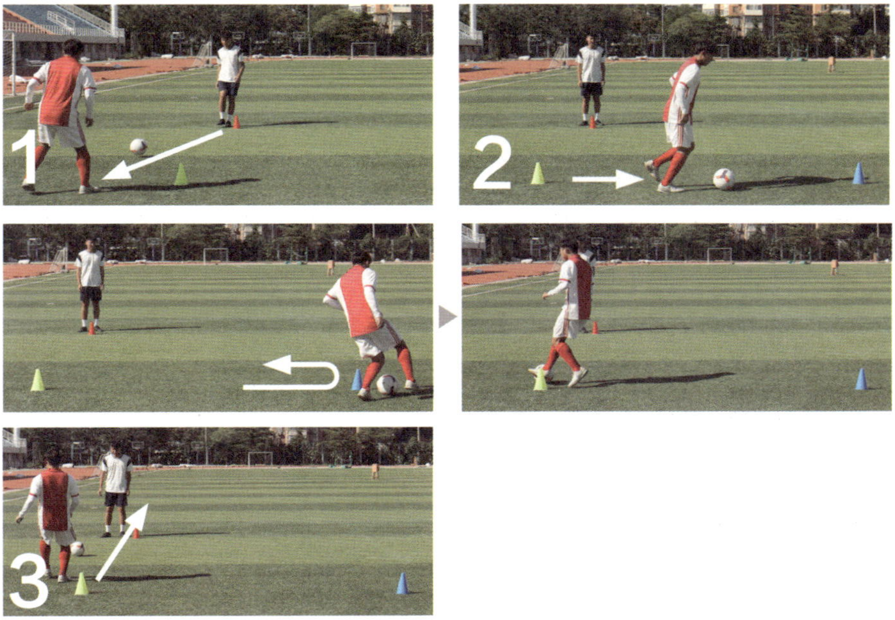
1
2
3

1. 球员 A 向球员 B 踢出一个低球。

2. 球员 B 接球后使用脚内侧控球并将球带向另一侧锥桶，绕锥桶一圈后返回原位置。

3. 球员 B 将球回传给球员 A。循环进行，球员 A 和 B 先完成 10 个回合的练习，前 5 个回合中使用右脚向左脚传球，后 5 个回合中使用左脚向右脚传球。接着，球员交换位置练习。

场地设置

2 个锥桶相距 4~7 米，1 个足球和 2 名球员。

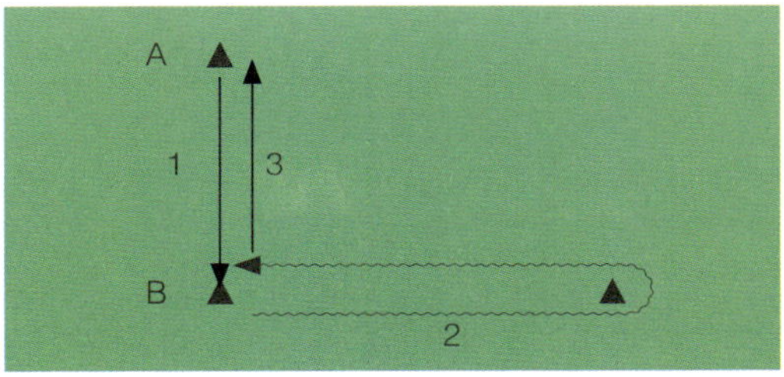
A
1
3
B
2

3.13 移动控球

教学重点 让学生熟练掌握传球和带球跑的技巧，以及快速带球移动和急停时的控球技巧。

教学难点 保证传球的准确性，以及带球跑和急停时球的稳定性。

技术教学

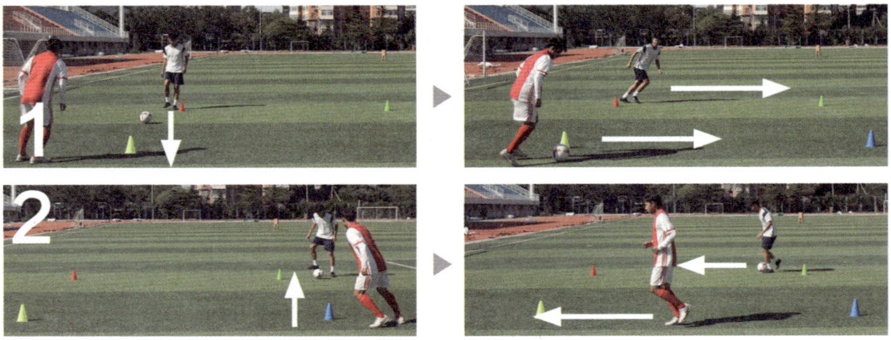
1
2

3

场地设置

正方形的边长为 4~5 米，一个足球、4 个锥桶和 2 名球员。

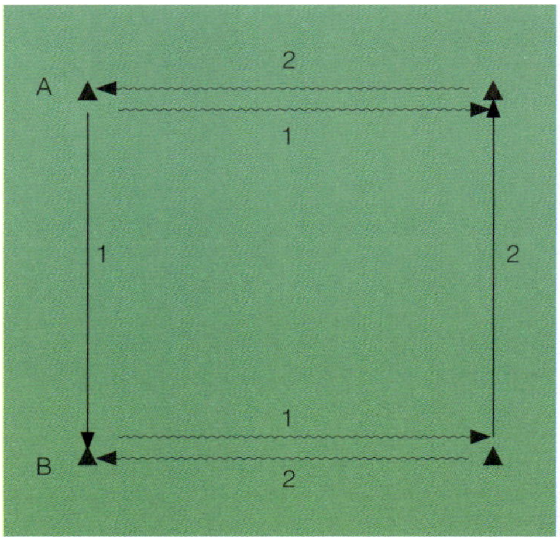
A
B
1
2
1
2
1
2

1. 球员 A 向球员 B 踢出一个低球，球员 B 使用脚内侧控球并带球以 90 度角朝与之同侧的另一个锥桶跑动，球员 A 也跑向与之同侧的另一个锥桶。

2. 球员 B 到达指定锥桶后将球传给对面的球员 A，球员 A 使用脚内侧控球并带球以 90 度角朝原锥桶跑动，球员 B 也跑回原锥桶所在的位置。

3. 跑回原锥桶所在的位置后即结束一个回合的练习。完成 5~10 个回合的练习。

3.14 推射

教学重点 让学生熟练掌握推射的动作要领，能够有力、准确地射门。

教学难点 触球腿的摆动和脚部触球的位置。

技术教学

1

2

3

1. 直线助跑。

2. 支撑脚一大步前跨到球的一侧，击球腿大腿向后微摆，小腿大幅度后摆。

3. 然后，支撑脚膝关节微屈站立，顺势摆动击球腿来发力，脚弓对准球的中部，将球击出。左右脚交替练习推射。

POINT 动作要点

触球腿向后摆动时，要用大腿带动小腿。触球时要让脚弓充分接触球的中部。将球踢出后触球腿要顺势向前摆动。

3.15 带球绕杆

教学重点 让学生熟练掌握带球绕杆的动作要领，能够在接球时保持正确的身体姿势。

教学难点 身体与球的协调配合。

技术教学

1

2

3

1. 球应该摆放在偏向右侧一米左右距离的位置，学生重心下沉，身体前倾，双膝微屈，左脚在前，右脚在后，左臂在前，慢速跑向球的右侧。

2. 充分跑到球的右侧，支撑脚微曲，击球脚脚尖翘起，用脚弓推击球的右后中部。

3. 击完球后，身体重心迅速跟上球，并且充分跑到球的左侧，这样有利于下一步的运球变向，换左腿做同样的动作，左右腿交替进行，带球绕杆至终点线。

3.16 接低平球

教学重点 让学生熟练掌握接低平球的动作要领，能够稳定地接住来球。

教学难点 接球手形的保持和接球时机的把握。

技术教学

1
2
3

1. 调整站位，面向来球。

2. 弯腰，将身体的高度降低，然后伸出双臂准备接球。

3. 接球后，迅速回扣手腕将球抱入怀中，再用上身压住球，以防止球掉落。

POINT 动作要点

接球时，面对来球，不主动抓球，而应运用正确的手形等待球的到来。双手触球时，要注意用手指触球，尽量避免掌心直接触球，否则会造成球反弹，从而导致接球失败。

第 4 章

足球组织训练方法

在训练过程中，教师可以组织小型的组间比赛来提高学生的训练兴趣和注意力。分组时，要注意将水平相近的学生尽量分在一组，一轮训练之后可以调整分组，以保持学生的新鲜感，调动学生的积极性。整个训练环节时长建议控制在 16 ~ 25 分钟之间，其间，教师可灵活调整教学内容，如根据需要增加技术动作讲解等。在组织训练中，教师要时刻关注学生的安全，提醒学生集中注意力，以避免受伤。

4.1 球感练习

组织方法

每组 2 人

16~25 分钟

足球若干

在足球场中，学生面对面站成 2 排，相距 3 米；每组 2 名学生，其中 1 名为持球学生。

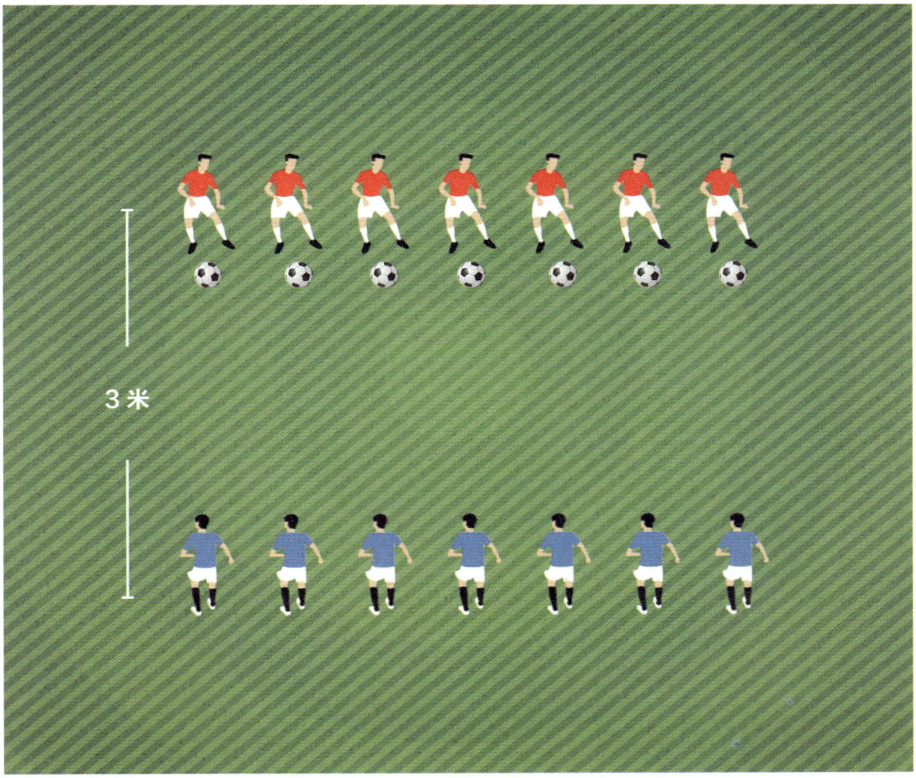
3 米

训练步骤

1. 学生面对面站成 2 排，相距 3 米；每组 2 名学生，其中 1 名为持球学生。
2. 教师发出开始口令后，持球学生先在原地用双脚脚弓来回推球、单脚踩在球上横向和纵向来回滚球，每个动作持续 30 秒，然后将球传给对面的学生。对面的学生进行同样的练习后将球回传给对方。
3. 所有学生进行 10 组练习后，训练结束。

4.2 占领开放空间

组织方法

用 4 个大号锥桶围成边长为 30 米的正方形场地，在场地中央再放置一个大号锥桶。

每组 4 人

每组 3 分钟，总时长 16~25 分钟

大号锥桶、足球若干

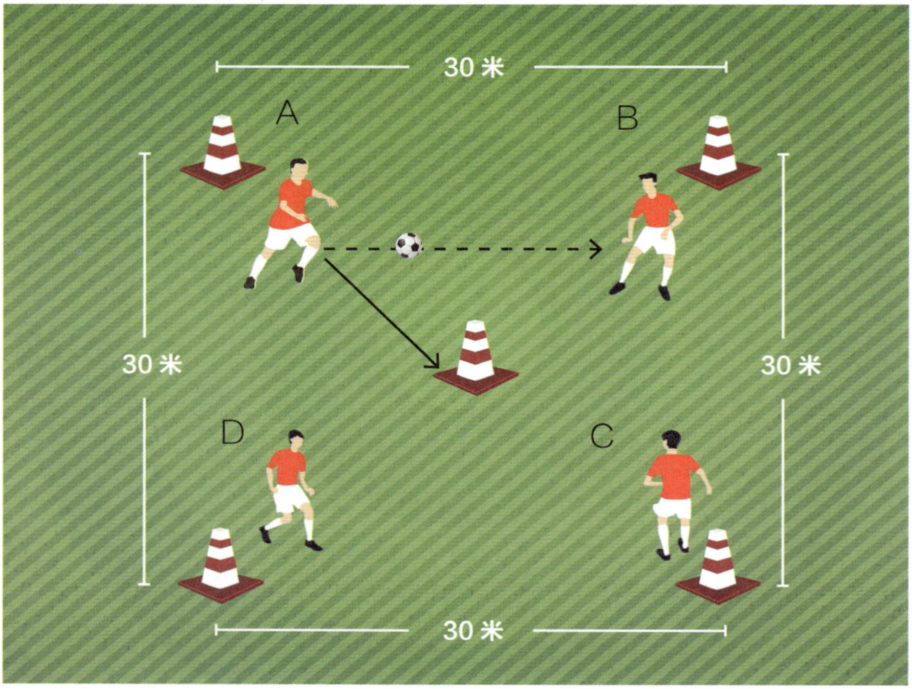
30 米
A
B
30 米
30 米
D
C
30 米

训练步骤

1. 场地内的 5 个大号锥桶分别代表 5 个开放空间。4 名学生分别站在场地的 4 个角落，即分别占领一个空间。

2. 教师发出开始口令后，持球学生 A 将球传给下一名学生 B，然后学生 A 跑到场地中央（即场地中央的大号锥桶处）；接球学生 B 完成脚弓迎球停球动作后将球传给学生 C，然后跑到上一名传球的学生 A 腾出的空间。之后，每组学生按照同样的步骤，按照 B、C、D、B 的顺序循环传球练习。

4.3 原地停球比赛

组织方法

学生排成两列纵队，在每列纵队前方画一个直径为 1 米的圆圈。

人数相等的两队

16~25 分钟

足球若干

训练步骤

1. 教师将学生分成两队，两队分别站成两列，每队学生分别依次进入其前方直径为 1 米的圆圈中心位置。

2. 教师以地滚球的方式发球，学生用外脚背将球停在圆圈内得 1 分（含压线），球出圈不得分。两队学生交替进行，得分多的队伍获胜。

1 米
1 米

4.4 触球接力赛

组织方法

6 人及以上

16~25 分钟

大号锥桶、足球若干

在场地中放置 2 组大号锥桶，每组 2 个，2 组锥桶之间的距离为 9 米。2 组学生分别站在 2 组锥桶后。

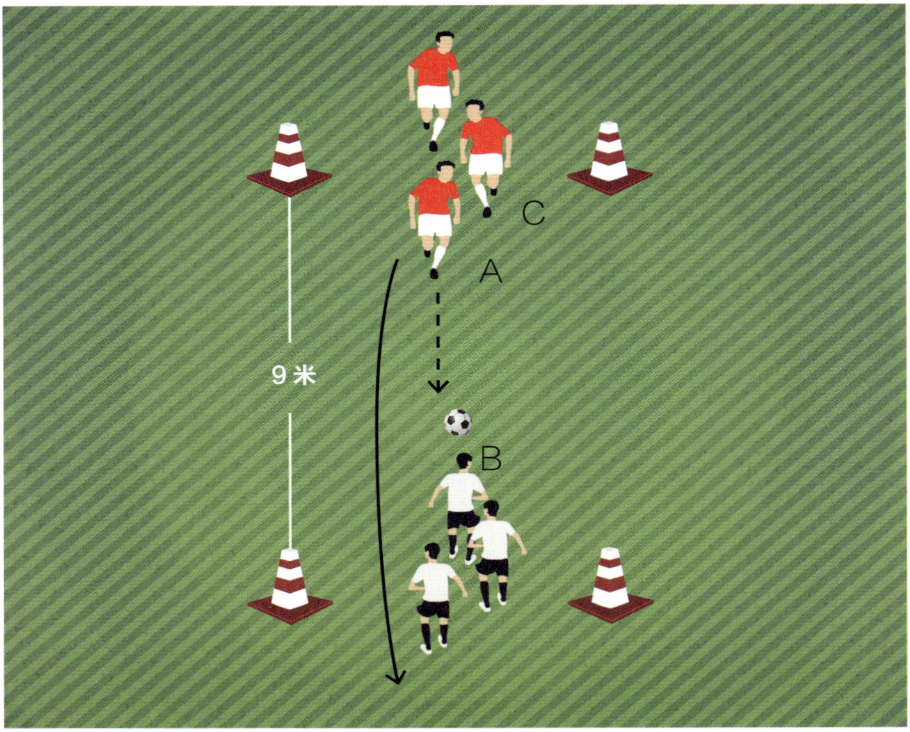
C
A
9 米
B

训练步骤

1. 教师将学生分成两队，每队分成两组面对面站立。

2. 教师发出开始口令后，学生 A 向学生 B 传球，传球完毕后，学生 A 跑向对侧的队尾，学生 B 使用外脚背迎球停球，并在将球传向学生 C 后跑向对侧的队尾。继续按顺序循环练习，每人完成 20 次触球。

4.5 你来我往传接球训练

组织方法

场地上放置 2 个大号锥形桶，锥桶之间的距离为 2.5~3.5 米，2 名学生之间，距离为 9 米。

每组 2 人

16 ~ 25 分钟

足球、大号锥形桶若干

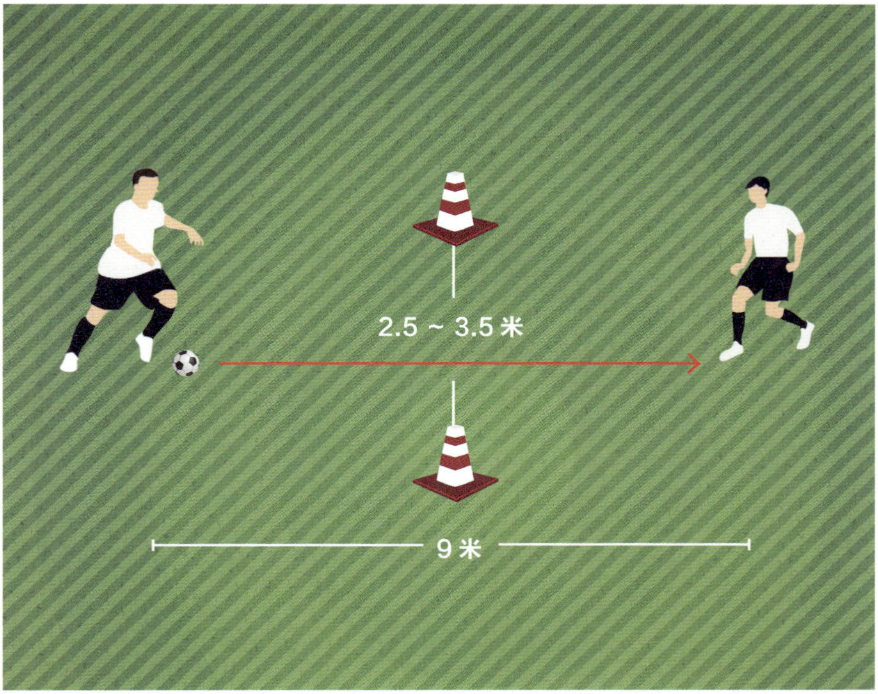
2.5 ~ 3.5 米
9 米

训练步骤

1. 训练开始后，2 名学生在锥桶之间使用脚弓相互传接球。每成功传球一次，学生就后退一步。
2. 一直持续到球不再经过锥桶之间时，学生返回至起点，再次重新开始传接球，步骤和前面一样，每组学生练习 16~25 分钟。

4.6 双人相互传球

组织方法

用 4 个大号锥桶围成边长为 10 米的场地，2 名学生分散于其中。

每组 3 人

每组 3 分钟，总时长 16~25 分钟

大号锥桶、足球若干

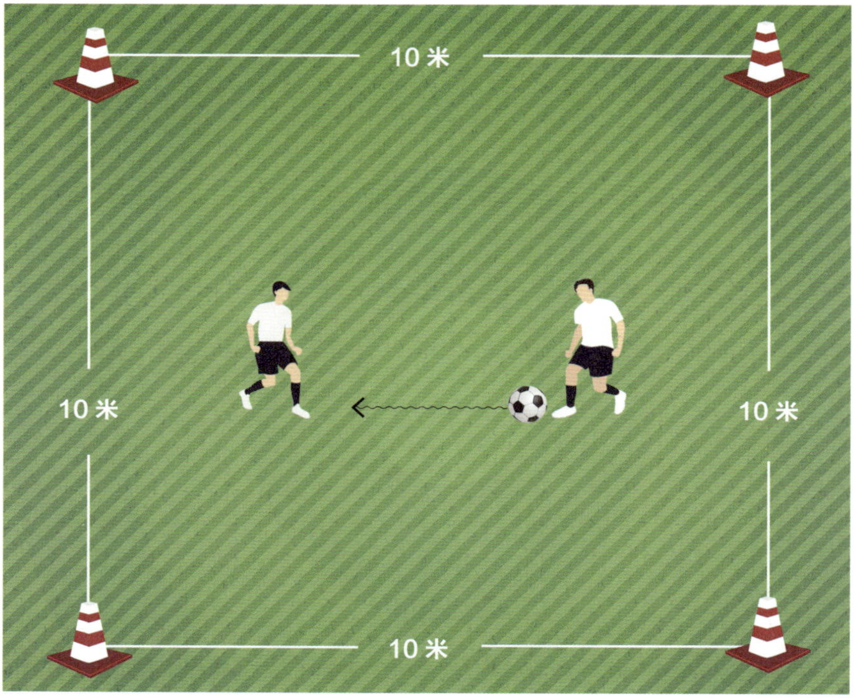

10 米
10 米
10 米
10 米

训练步骤

1. 每组 2 名学生面对面站立，教师发出开始口令后，1 名学生用脚弓踢球的方式，将自己的球踢向对方。
2. 对方接球后不停球立即用同样的方式踢回对方。依次交替进行。

4.7 圆圈淘汰赛

组织方法

每组 4 人

每组 3 分钟，总时长 16~25 分钟

大号锥桶、彩色足球、足球若干

用 6 个大号锥桶围成圆圈，在圆圈中间放置 1 个彩色足球，并设置一条经过彩色足球的中线。2 组（每组 4 名学生）学生分别位于中线的两侧，分散于圆圈的边缘上。

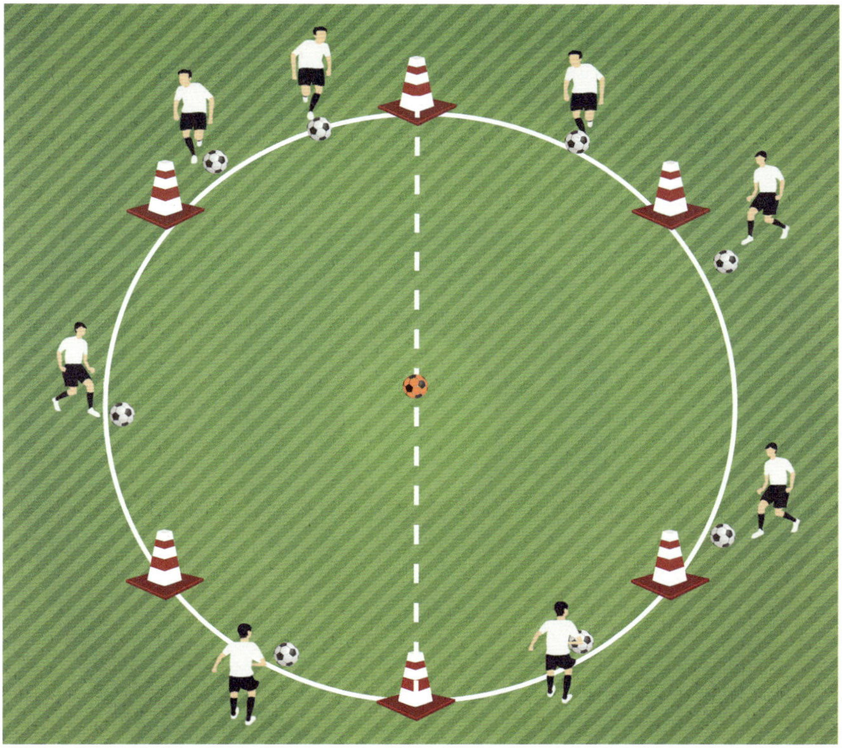

训练步骤

1. 教师发出开始口令后，学生以脚背踢球的方式轮流将球踢向圆圈中点处的彩色足球。踢过球的学生将自己的球取回，然后换下一名学生踢。
2. 撞到彩色足球的次数较多的小组，或者将彩色足球撞过圆圈中线的次数较多的小组获胜。3 分钟后，换组进行。

4.8 往返传球

组织方法

用 4 个大号锥桶围成边长为 9 米的场地，3 名学生分散于其中。2 名持球学生站在场地的同一边，1 名无球学生站在另一边的某个角落。

每 3 人一组

每组 3 分钟，总时长 16~25 分钟

大号锥桶、足球若干

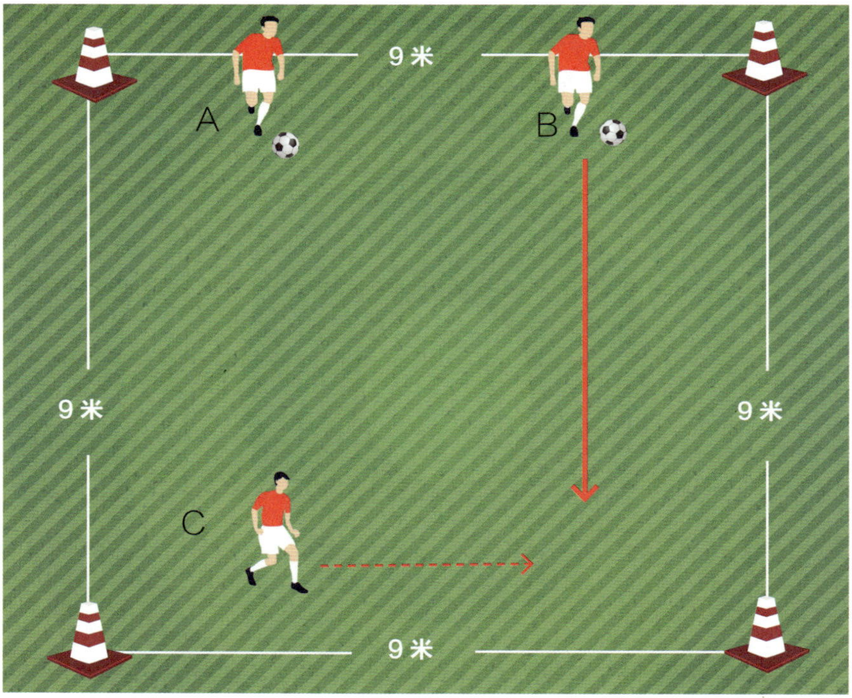
9 米
A
B
9 米
9 米
C
9 米

训练步骤

1. 教师发出开始口令后，无球学生开始向空余的角落跑动。同时，学生 B 开始使用脚弓传球的方式将球传给学生 C。

2. 学生 C 使用脚背不停球踢球的方式将球回传给对方，然后赶紧向刚刚空出的角落跑去，准备接学生 A 传来的球并回传给对方。学生 C 循环进行往返传球，传球 10 次后，3 人轮换继续进行。

4.9　3 人颠球赛

场地与人员配比

用 4 个大号锥桶围成边长为 15 米的场地，3名学生分散于其中。

每组 3 人

每组 60 秒，总时长 16~25 分钟

大号锥桶、足球若干

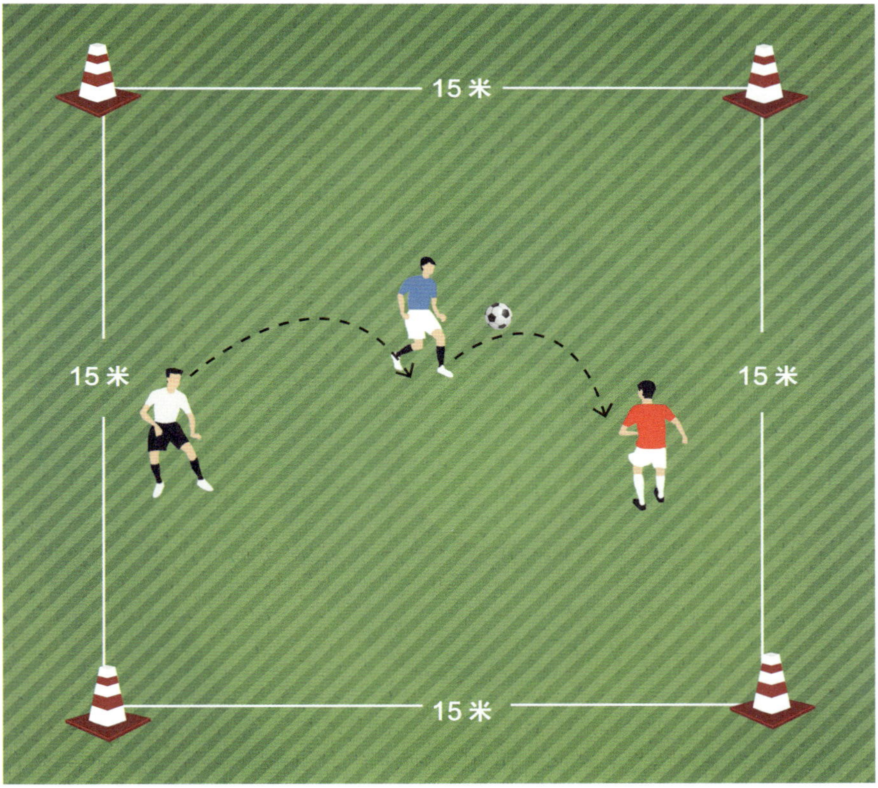
15 米
15 米
15 米
15 米

训练步骤

1. 教师发出开始口令，3名学生可用身体的任意部位，如脚背、胸部、头部、大腿等传接球，但必须在空中传接球。

2. 其间尽量不要使球掉在地上，60 秒内颠球次数最多的组获胜。

4.10 带球转身

组织方法

用 4 个大号锥桶围成长 18 米、宽 9 米的场地，2 组学生在场地的同一侧列成 2 个纵队。

人数相等的 2 组

16~25 分钟

大号锥桶、足球若干

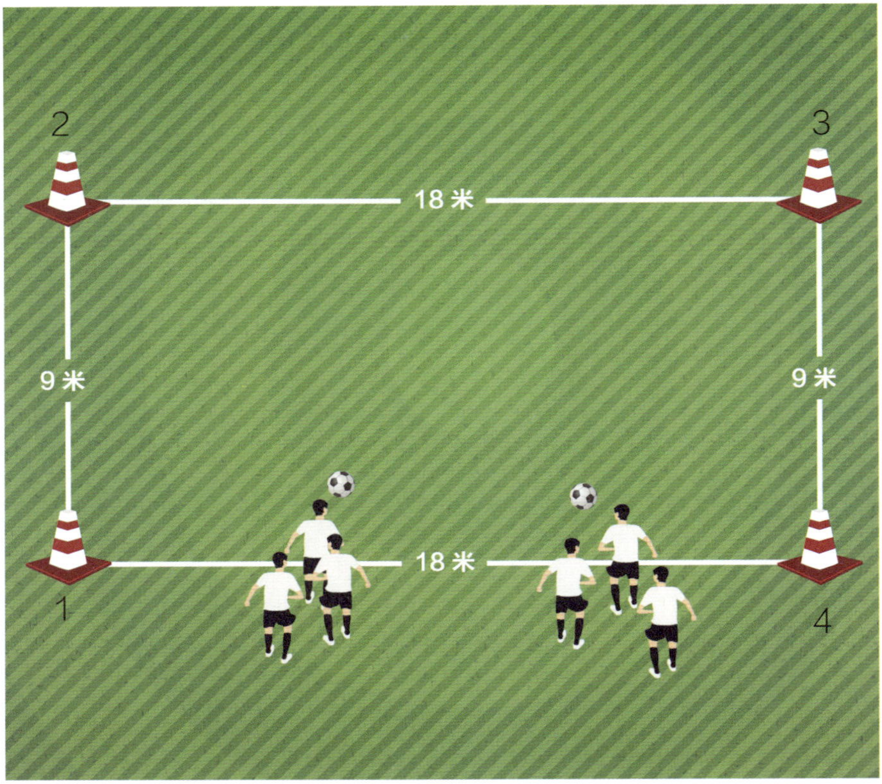
2
3
18 米
9 米
9 米
18 米
1
4

训练步骤

1. 教师将学生分成人数相等的 2 组，2 组学生均站在 1 号锥桶和 4 号锥桶之间。
2. 教师发出开始口令后，每组第 1 名学生将球带到 2 号锥桶和 3 号锥桶之间的终点线处，之后用单脚向后拖球的方法，转身将球带回起始位置，再由本组下一名学生接力，依次完成相同内容，最快完成接力的组获胜。

4.11 带球接力赛

组织方法

用 4 个大号锥桶围成边长为 30 米的场地，将学生分为若干人数相等的小组，各小组排成纵队站在一条侧边后。在侧边前方 15 米处放置和小组数相同的小号锥桶，相邻锥桶之间间隔 3 米。

人数相等的若干小组

16~25 分钟

大号锥桶、小号锥桶、足球若干

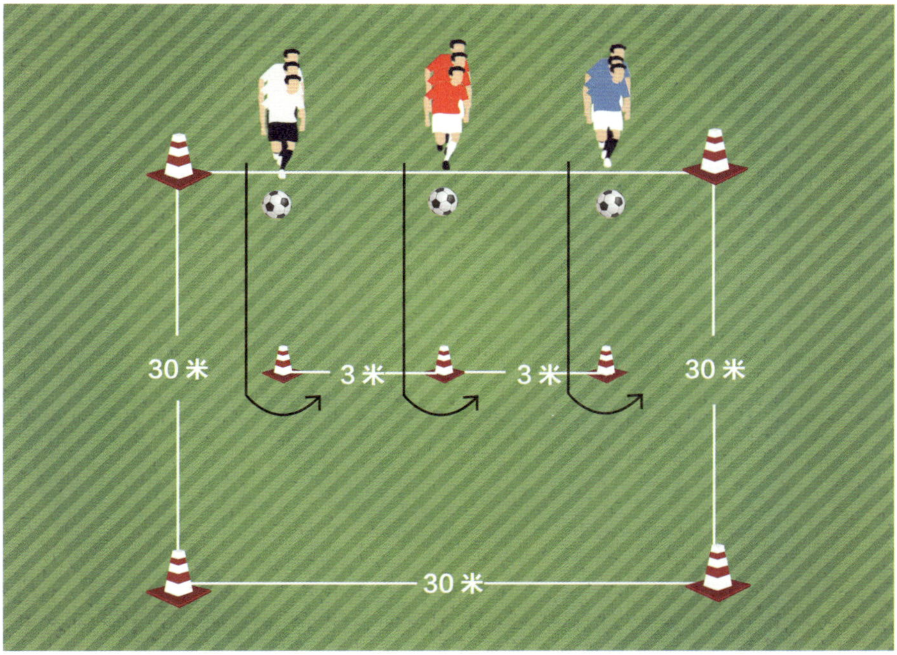
30 米
3 米
3 米
30 米
30 米

训练步骤

1. 教师发出开始口令后，每组的第 1 名学生开始向前带球，一直将球带到小号锥桶处，然后绕过小号锥桶把球带回来。

2. 第 1 名学生在带球回来并越过侧边后，和下一名学生形成接力。组内学生依次接力完成带球，以每组最后一名学生完成时间为最终成绩评定名次。

3. 持续训练 10 次，每次结束后都稍作休息。每次取得第 1 名的小组得 3 分，第 2 名得 2 分，第 3 名得 1 分，最后总分最高的小组获胜。

4.12 猎犬与兔子

组织方法

用 4 个大号锥桶围成边长为 30 米的场地。

人数不限

16~25 分钟

大号锥桶、足球若干

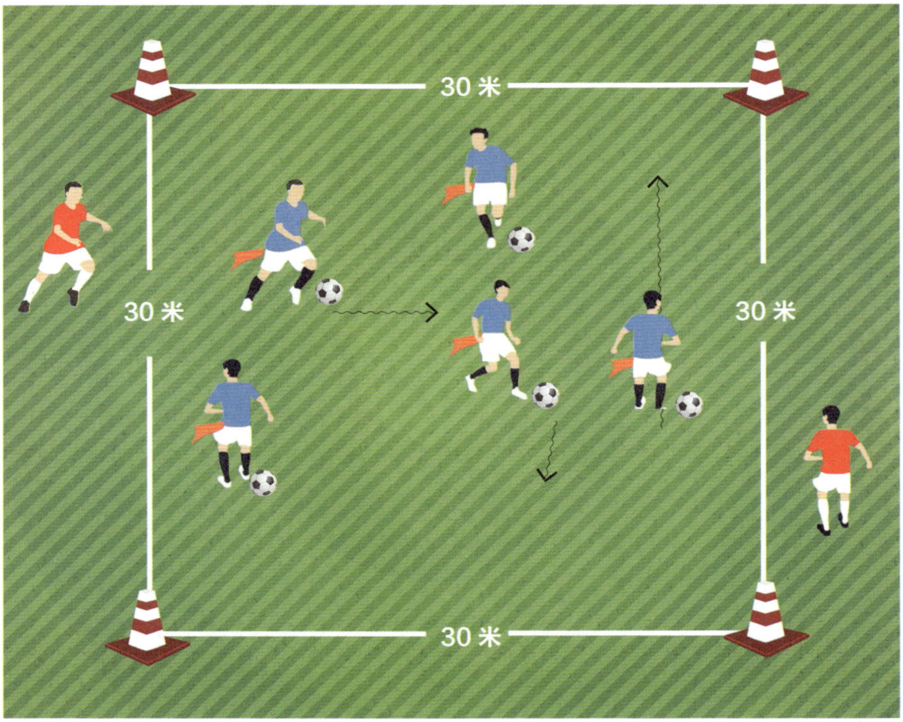

30 米
30 米
30 米
30 米

训练步骤

1. 教师指定 2 名学生为“猎犬”，“猎犬”站在场地外；其余学生则为“兔子”，使用脚内侧带球变向技术，在场地内自由带球。

2. 教师发出开始口令后，“猎犬”进入场地追赶“兔子”，需将“兔子”的球抢下来；“兔子”可以灵活带球，躲避“猎犬”。如果球被抢下，则“兔子”转变为“猎犬”去抢其他“兔子”的球；抢球成功的“猎犬”则转变为“兔子”，继续在场地内带球。

4.13 “袭击者”来了

组织方法

用 4 个大号锥桶围成长 30 米、宽 20 米的场地，在场地两侧各划分出 30 米长、3 米宽的安全区。

人数不限

16 ~ 25 分钟

大号锥桶、足球若干

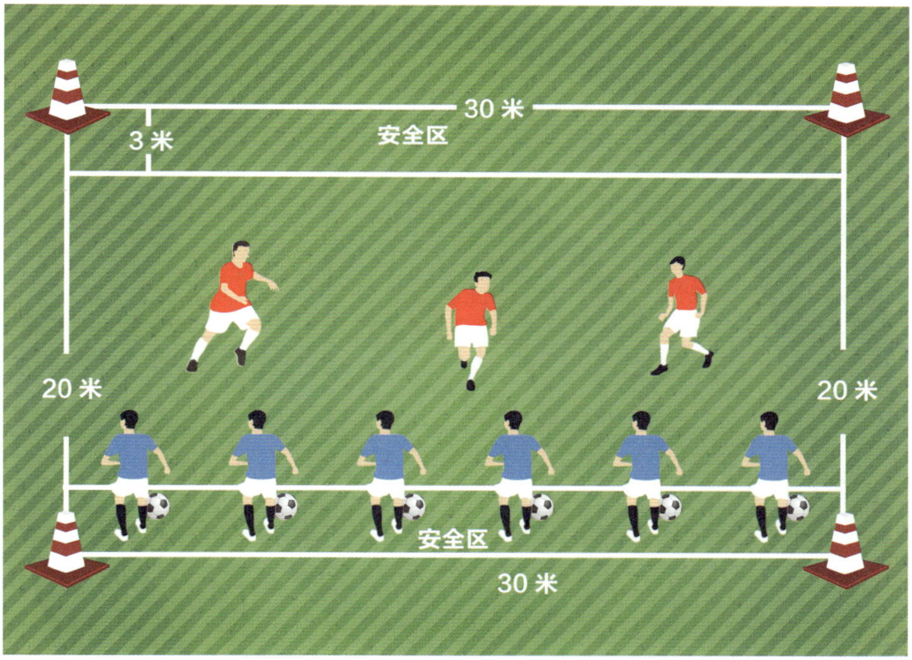
30 米
3 米
安全区
20 米
20 米
安全区
30 米

训练步骤

1. 教师指定 3~4 名学生为“袭击者”，“袭击者”位于场地内；其他学生带球，位于一侧的安全区。

2. 教师发出开始口令后，位于安全区的学生带球穿过场内，以到达另一个安全区为目标，其间，需要将球始终控制在自己脚下。“袭击者”则需要抢球，阻止他们到达安全区。

3. 带球者如果顺利到达对面安全区，则在这里等待其他学生带球到达，然后一起返回原来的安全区。就这样来回带球，“袭击者”需要不断将带球者的球踢走，直到最后只剩下 3 名带球者，首轮训练结束。这 3 名带球者则成为下一轮训练中的“袭击者”。

4.14 接传球射门

组织方法

设置 2 个球门，球门之间的距离为 27 米。场地内共 5 名球员，球员 A、球员 E 为守门员，各守一个球门；球员 C 为射门球员，位于球员 A 和球员 E 中间；球员 B 和球员 D 位于球员 C 的两边，各持 3 个球。

每组 5 人

每组 5 分钟，
总时长 16~25 分钟

足球若干

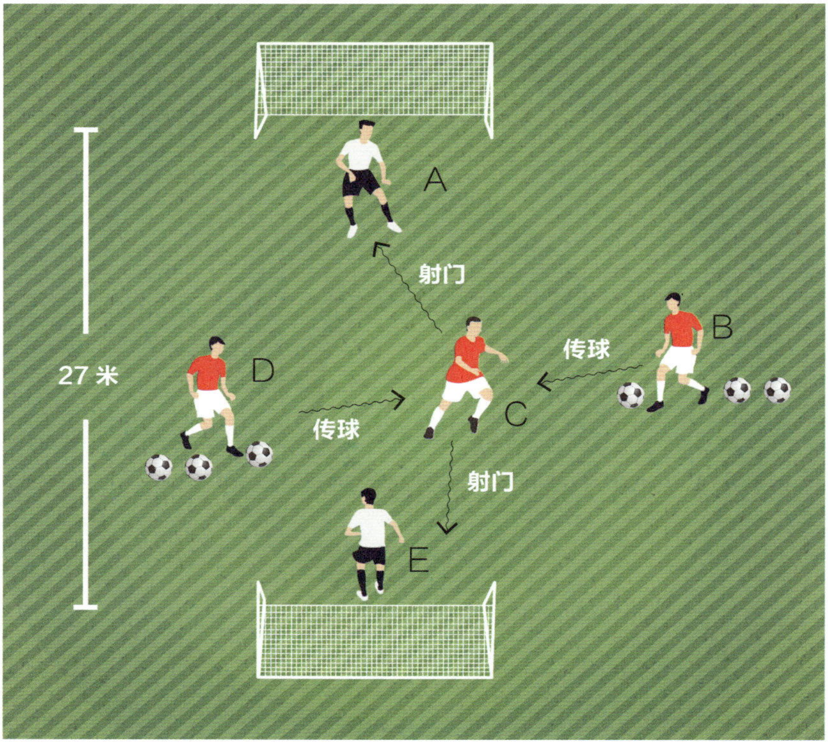
A
射门
B
传球
27 米
D
传球
C
射门
E

训练步骤

1. 训练开始后，球员 B 向球员 C 传球，球员 C 接到传球后，用脚向球门 A 推射。
2. 球员 D 向球员 C 传球，球员 C 向球门 E 推射。
3. 进行 6 次射门之后，各球员互换角色。5 分钟后，换下一组进行。

4.15 带球绕杆后射门

组织方法

场地上依次放置 5 根旗杆（或锥桶），旗杆之间的距离为 4~5 米，学生列队站在起点线处。

- 每组 5 人
- 16 ~ 25 分钟
- 旗杆（或锥桶），足球若干

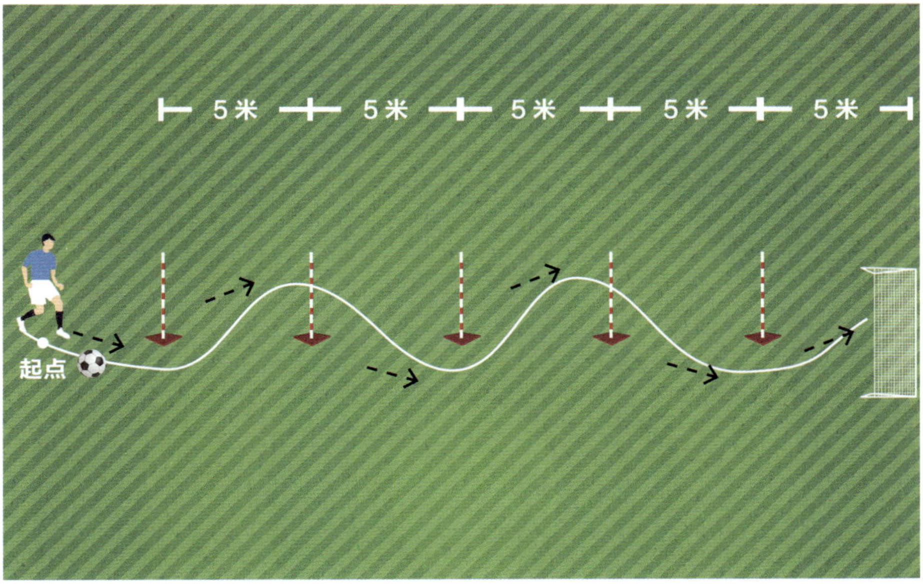
5 米
5 米
5 米
5 米
5 米
起点

训练步骤

1. 教师发出口令后，学生依次带球绕杆，当绕过最后一个杆后，以地滚球的方式射门。
2. 学生每进一个球得一分。4 个回合后，分数最高的学生获胜。

4.16 接低平球比赛

组织方法

用 4 个大号锥桶围成长 55 米、宽 35 米的场地，取 2 条长边的中点，为场地画出中线，将场地划分为 2 个半场，每个半场上有 5 名学生。

每组 10 人

16 ~ 25 分钟

大号锥桶、足球若干

55 米
35 米
35 米
55 米

训练步骤

1. 教师将 10 名学生平均分为 2 队，每队有 1 名守门员、4 名场地球员。每队各占半个场地。
2. 教师发出开始口令后，场地球员分别在两个半场上随机带球跑动。几秒后，教师喊出一个场地球员的名字，该场地球员听到后迅速向对方半场的守门员踢出一个低平球，对方半场的守门员接球后再将球返给该场地球员。之后每隔几秒，教师就喊出下一个场地球员的名字。学生们照此方式循环训练。
3. 如果守门员没有顺利接住球，则扣 1 分，比赛结束后扣分最少的组获胜。5 分钟后，换下一组进行。

第 5 章

课程组织方案

第 1 课

- **教学目标** 学习并掌握脚弓原地停球动作
- **教学重点** 让学生熟练掌握脚弓原地停球的动作要领，能够稳定地进行脚弓原地停球
- **器材准备** 足球、瑜伽垫、胶带若干

A. 热身方案 按顺序和要求完成以下 6 个动作

8~10 分钟

	动作	重复次数 / 保持时间 / 行进距离	页码
1	碎步跑	30~60 秒 /20~30 米	动作详情见 P17
2	斜抱腿	8~10 次（左右算一次）	动作详情见 P7
3	对侧前后手碰脚	20~30 次（左右算一次）	动作详情见 P21
4	向后弓步 + 旋转	8~10 次（左右算一次）	动作详情见 P19
5	十字象限跳	10 次（前后左右算一次）	动作详情见 P16
6	毛毛虫爬	8~10 次 /8~10 米	动作详情见 P9

1 2 3 4 5 6

B. 技术教学：脚弓原地停球

8~15 分钟

1
2
3

1. 讲解并示范脚弓原地停球动作。
2. 强调动作要领。
3. 指导学生模仿动作，可以根据人数让学生进行分组练习。
4. 对学生的动作进行点评与纠正。

动作详情见 P48

C. 组织训练：球感练习

16~25 分钟

1. 教师组织训练并讲解规则。

2. 教师发出开始口令后，持球学生先在原地用双脚脚弓来回推球、单脚踩在球上横向和纵向来回滚球，每个动作持续 30 秒，然后将球传给对面的学生。所有学生进行 10 组练习后，训练结束。

训练详情见 P65

D. 放松方案

按顺序和要求完成以下 6 个动作

8~10 分钟

动作	重复次数 / 保持时间 / 行进距离	页码
1 侧卧股四头肌拉伸	15~30 秒 / 侧	动作详情见 P33
2 体前屈（坐姿）	15~30 秒	动作详情见 P42
3 4 字拉伸	15~30 秒 / 侧	动作详情见 P35
4 坐姿蝶式拉伸	15~30 秒	动作详情见 P37
5 腓肠肌拉伸	15~30 秒 / 侧	动作详情见 P41
6 跪姿背阔肌拉伸	15~30 秒	动作详情见 P31

1
2
3
4
5
6

第 2 课

- **教学目标** 学习并掌握脚弓迎球停球动作
- **教学重点** 让学生熟练掌握脚弓迎球停球的动作要领，尤其是停球时支撑脚的位置和脚触球的部位
- **器材准备** 大号锥桶、足球、踏板、瑜伽垫、胶带若干

A. 热身方案 按顺序和要求完成以下 6 个动作 8~10 分钟

动作	重复次数 / 保持时间 / 行进距离	页码
1 高抬腿	30~60 秒 /20~30 米	动作详情见 P25
2 向后弓步走 - 腘绳肌拉伸	8~10 次（左右算一次）	动作详情见 P20
3 后交叉弓步	20~30 次（左右算一次）	动作详情见 P8
4 侧弓步 + 体前屈	8~10 次（左右算一次）	动作详情见 P26
5 十字象限跳	10 次（前后左右算一次）	动作详情见 P16
6 最伟大拉伸	8~10 次（左右算一次）	动作详情见 P23

1
2
3
4
5
6

D. 技术教学：脚弓迎球停球 8~15 分钟

1
2
3
4
5

6

1. 讲解并示范脚弓迎球停球动作。
2. 强调动作要领。
3. 指导学生模仿动作，可以根据人数让学生进行分组练习。
4. 对学生的动作进行点评与纠正。

动作详情见 P49

C. 组织训练：占领开放空间

16~25 分钟

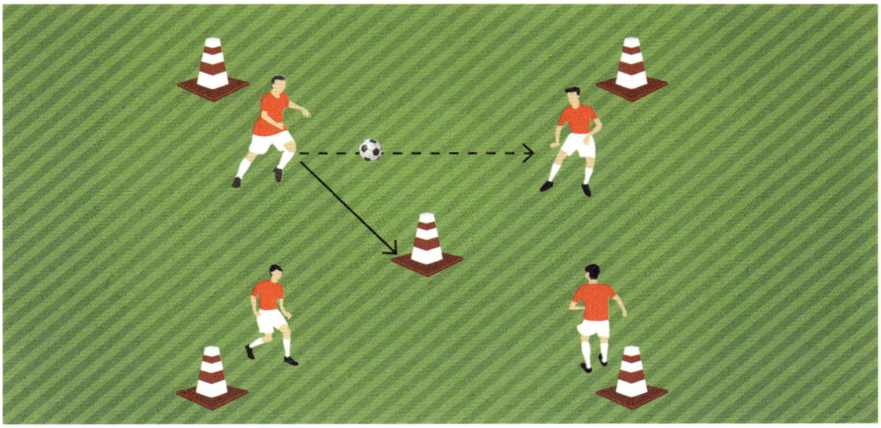

1. 教师组织训练并讲解规则。
2. 教师发出开始口令后，持球学生 A 将球传给下一名学生 B，然后学生 A 跑到场地中央（即场地中央的大号锥桶处）；接球学生 B 完成脚弓迎球停球动作后将球传给学生 C ，然后跑到上一名传球的学生 A 腾出的空间。之后，每组学生按照同样的步骤，按照 B、C、D、B 的顺序循环传球练习。

训练详情见 P66

D. 放松方案

按顺序和要求完成以下 6 个动作

8~10 分钟

动作	重复次数 / 保持时间 / 行进距离	页码
1 站姿股四头肌拉伸（静态）	15~30 秒 / 侧	动作详情见 P46
2 体前屈（站姿）	15~30 秒	动作详情见 P42
3 站姿拉伸小腿	15~30 秒 / 侧	动作详情见 P43
4 4 字拉伸	15~30 秒 / 侧	动作详情见 P35
5 一字马拉伸内收肌	15~30 秒	动作详情见 P40
6 猫狗式 -胸椎伸展	8~10 次	动作详情见 P32

1
2
3
4
6
5

第 3 课

- **教学目标** 学习并掌握外脚背停球动作
- **教学重点** 让学生熟练掌握外脚背停球的动作要领，能够将足球停稳
- **器材准备** 足球、瑜伽垫若干

A. 热身方案 按顺序和要求完成以下 6 个动作

8~10 分钟

动作	重复次数 / 保持时间 / 行进距离	页码
1 开合跳	20~30 次	动作详情见 P18
2 单腿屈髋（动态）	8~10 次（左右算一次）	动作详情见 P45
3 对侧肘碰膝垫步跳	20~30 次（左右算一次）	动作详情见 P24
4 斜抱腿	8~10 次（左右算一次）	动作详情见 P7
5 踝关节八字跳	20~30 次（内外算一次）	动作详情见 P11
6 毛毛虫爬	8~10 次 /8~10 米	动作详情见 P9

1
2
3
4
5
6

B. 技术教学：外脚背停球

8~15 分钟

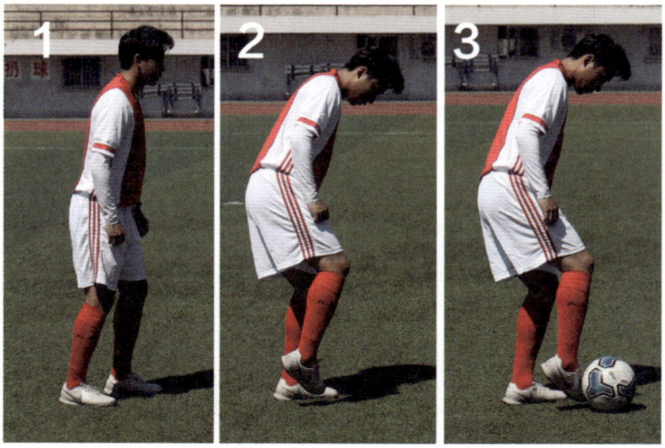
1
2
3

1. 讲解并示范外脚背停球动作。
2. 强调动作要领。
3. 指导学生模仿动作，可以根据人数让学生进行分组练习。
4. 对学生的动作进行点评与纠正。

动作详情见 P50

C. 组织训练：原地停球比赛

16~25 分钟

1 米
1 米

1. 教师组织训练并讲解规则。
2. 教师以地滚球的方式发球，学生在直径为 1 米的圆圈中心用外脚背将球停在圆圈内得 1 分（含压线），球停出圈不得分。两队学生交替进行，得分多的队伍获胜。

训练详情见 P67

D. 放松方案

按顺序和要求完成以下 6 个动作

8~10 分钟

动作	重复次数 / 保持时间 / 行进距离	页码
1 半跪姿股四头肌拉伸	15~30 秒 / 侧	动作详情见 P30
2 单腿屈髋（静态）	15~30 秒 / 侧	动作详情见 P45
3 仰卧抱膝拉伸臀大肌	15~30 秒	动作详情见 P34
4 麻花拉伸	15~30 秒 / 侧	动作详情见 P39
5 侧弓步（静态）	15~30 秒 / 侧	动作详情见 P44
6 腓肠肌拉伸	15~30 秒 / 侧	动作详情见 P41

1
2
3
4
5
6

第 4 课

- **教学目标** 学习并掌握外脚背迎球停球动作
- **教学重点** 让学生熟练掌握外脚背迎球停球的动作要领，能根据来球方向快速调整外脚背的位置
- **器材准备** 大号锥桶、足球、瑜伽垫、踏板若干

A. 热身方案 按顺序和要求完成以下 6 个动作 8~10 分钟

动作	重复次数 / 保持时间 / 行进距离	页码
1 后踢腿	30~60 秒 /20~30 米	动作详情见 P28
2 向后弓步走 - 腘绳肌拉伸	8~10 次（左右算一次）	动作详情见 P20
3 踝关节八字跳	20~30 次（内外算一次）	动作详情见 P11
4 燕式平衡 + 体前屈	8~10 次（左右算一次）	动作详情见 P29
5 弓步跳	20~30 次（左右算一次）	动作详情见 P15
6 侧弓步（动态）	8~10 次（左右算一次）	动作详情见 P44

1
2
3
4
5
6

B. 技术教学：外脚背迎球停球 8~15 分钟

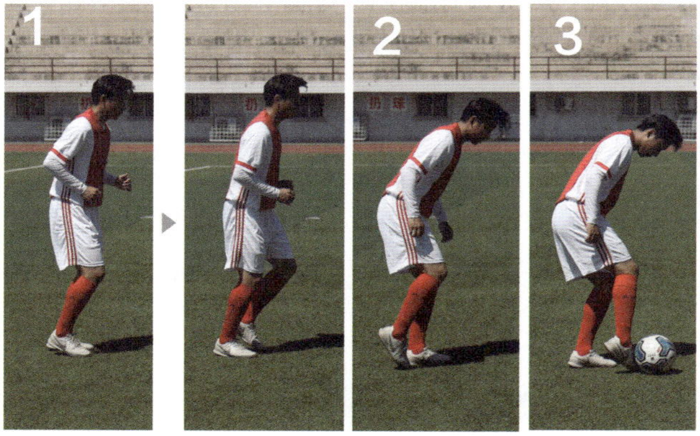
1
2
3

1. 讲解并示范外脚背迎球停球动作。
2. 强调动作要领。
3. 指导学生模仿动作，可以根据人数让学生进行分组练习。
4. 对学生的动作进行点评与纠正。

动作详情见 P51

C. 组织训练：触球接力赛

16~25 分钟

C
A
B

1. 教师组织训练并讲解规则。
2. 教师发出开始口令后，学生 A 向学生 B 传球，传球完毕后，学生 A 跑向对侧的队尾。学生 B 使用外脚背迎球停球，并在将球传向学生 C 后跑向对侧的队尾。继续按顺序循环练习，每人完成 20 次触球。

训练详情见 P68

D. 放松方案 按顺序和要求完成以下 6 个动作

8~10 分钟

动作	重复次数 / 保持时间 / 行进距离	页码
1 侧卧股四头肌拉伸	15~30 秒 / 侧	动作详情见 P33
2 体前屈（坐姿）	15~30 秒	动作详情见 P42
3 4 字拉伸	15~30 秒 / 侧	动作详情见 P35
4 侧弓步（静态）	15~30 秒 / 侧	动作详情见 P44
5 跪姿背阔肌拉伸	15~30 秒	动作详情见 P31
6 站姿拉伸小腿	15~30 秒 / 侧	动作详情见 P43

1
3
5
2
4
6

第 5 课

- **教学目标** 学习并掌握脚弓踢球动作
- **教学重点** 让学生熟练掌握脚弓踢球的动作要领，保证支撑腿的位置正确
- **器材准备** 大号锥桶、足球、瑜伽垫若干

A. 热身方案 按顺序和要求完成以下 6 个动作

8~10 分钟

动作	重复次数 / 保持时间 / 行进距离	页码
1 振臂跳	30~60 秒 /20~30 米	动作详情见 P22
2 站姿股四头肌拉伸（动态）	8~10 次（左右算一次）	动作详情见 P46
3 碎步跑	30~60 秒 /20~30 米	动作详情见 P17
4 单腿屈髋（动态）	8~10 次（左右算一次）	动作详情见 P45
5 后交叉弓步	20~30 次（左右算一次）	动作详情见 P8
6 最伟大拉伸	8~10 次（左右算一次）	动作详情见 P23

1
2
3
4
5
6

B. 技术教学：脚弓踢球

8~15 分钟

1
2
3
4

1. 讲解并示范脚弓踢球动作。
2. 强调动作要领。
3. 指导学生模仿动作，可以根据人数让学生进行分组练习。
4. 对学生的动作进行点评与纠正。

动作详情见 P52

C. 组织训练：你来我往传球训练 16~25 分钟

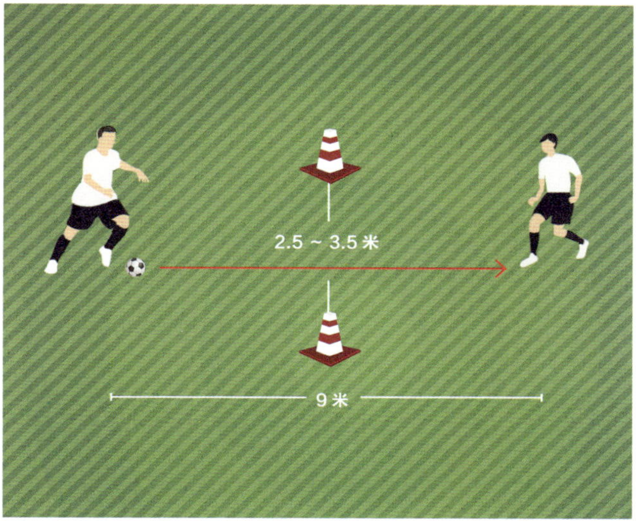
2.5 ~ 3.5 米
9 米

1. 教师组织训练并讲解规则。

2. 2 名学生在锥桶之间使用脚弓相互传接球。每成功传球一次，学生就后退一步。一直持续到球不再经过锥桶之间时，学生返回至起点，再次重新开始传接球，步骤和前面一样，每组学生练习 16~25 分钟。

训练详情见 P69

D. 放松方案 按顺序和要求完成以下 6 个动作 8~10 分钟

	动作	重复次数 / 保持时间 / 行进距离	页码
1	站姿股四头肌拉伸（静态）	15~30 秒 / 侧	动作详情见 P46
2	体前屈（站姿）	15~30 秒	动作详情见 P42
3	鸽子式拉伸	15~30 秒 / 侧	动作详情见 P38
4	一字马拉伸内收肌	15~30 秒	动作详情见 P40
5	腓肠肌拉伸	15~30 秒 / 侧	动作详情见 P41
6	眼镜蛇拉伸	15~30 秒	动作详情见 P36

1
2
3
4
5
6

第 6 课

- **教学目标** 学习并掌握脚弓不停球踢球动作
- **教学重点** 让学生熟练掌握脚弓不停球踢球的动作要领，能根据来球方向准确踢球
- **器材准备** 大号锥桶、足球、瑜伽垫若干

A. 热身方案 按顺序和要求完成以下 6 个动作 8~10 分钟

动作	重复次数 / 保持时间 / 行进距离	页码
1 碎步跑	30~60 秒 /20~30 米	动作详情见 P17
2 斜抱腿	8~10 次（左右算一次）	动作详情见 P7
3 对侧前后手碰脚	20~30 次（左右算一次）	动作详情见 P21
4 燕式平衡 + 体前屈	8~10 次（左右算一次）	动作详情见 P29
5 波比跳	15~20 次	动作详情见 P12
6 毛毛虫爬	8~10 次 /8~10 米	动作详情见 P9

1
2
3
4
5
6

B. 技术教学：脚弓不停球踢球 8~15 分钟

1
2
3
4

1. 讲解并示范脚弓不停球踢球动作。
2. 强调动作要领。
3. 指导学生模仿动作，可以根据人数让学生进行分组练习。
4. 对学生的动作进行点评与纠正。

动作详情见 P53

C. 组织训练：双人相互传球

16~25 分钟

1. 教师组织训练并讲解规则。
2. 每组 2 名学生面对面站立，教师发出开始口令后，1 名学生用脚弓踢球的方式，将自己的球踢向对方。对方接球后不停球立即用同样的方式踢回对方。依次交替进行。

训练详情见 P70

D. 放松方案

按顺序和要求完成以下 6 个动作

8~10 分钟

动作	重复次数 / 保持时间 / 行进距离	页码
1 半跪姿股四头肌拉伸	15~30 秒 / 侧	动作详情见 P30
2 单腿屈髋（静态）	15~30 秒 / 侧	动作详情见 P45
3 4 字拉伸	15~30 秒 / 侧	动作详情见 P35
4 侧弓步（静态）	15~30 秒 / 侧	动作详情见 P44
5 跪姿背阔肌拉伸	15~30 秒	动作详情见 P31
6 腓肠肌拉伸	15~30 秒 / 侧	动作详情见 P41

1
2
3
5
4
6

第 7 课

- **教学目标** 学习并掌握脚背踢球动作
- **教学重点** 让学生熟练掌握脚背踢球的动作要领，学会利用身体扭转带动腿部发力的技巧
- **器材准备** 大号锥桶、足球、瑜伽垫、胶带若干

A. 热身方案 按顺序和要求完成以下 6 个动作

8~10 分钟

动作	重复次数 / 保持时间 / 行进距离	页码
1 开合跳	20~30 次	动作详情见 P18
2 站姿股四头肌拉伸（动态）	8~10 次（左右算一次）	动作详情见 P46
3 十字象限跳	10 次（前后左右算一次）	动作详情见 P16
4 向后弓步走 - 腘绳肌拉伸	8~10 次（左右算一次）	动作详情见 P20
5 高抬腿	30~60 秒 /20~30 米	动作详情见 P25
6 侧弓步（动态）	8~10 次（左右算一次）	动作详情见 P44

1
2
3
4
5
6

B. 技术教学：脚背踢球

8~15 分钟

1
2
3

1. 讲解并示范脚背踢球动作。
2. 强调动作要领。
3. 指导学生模仿动作，可以根据人数让学生进行分组练习。
4. 对学生的动作进行点评与纠正。

动作详情见 P54

C. 组织训练：圆圈淘汰赛

16~25 分钟

1. 教师组织训练并讲解规则。
2. 教师发出开始口令后，学生以脚背踢球的方式轮流将球踢向圆圈中点处的彩色足球。踢过球的学生将自己的球取回，然后换下一名学生踢。踢到彩色足球的次数较多的小组，或者将彩色足球撞过圆圈中线的次数较多的小组获胜。3 分钟后，换组进行。

训练详情见 P71

D. 放松方案

按顺序和要求完成以下 6 个动作

8~10 分钟

动作	重复次数 / 保持时间 / 行进距离	页码
1 侧卧股四头肌拉伸	15~30 秒 / 侧	动作详情见 P33
2 体前屈（坐姿）	15~30 秒	动作详情见 P42
3 鸽子式拉伸	15~30 秒 / 侧	动作详情见 P38
4 坐姿蝶式拉伸	15~30 秒	动作详情见 P37
5 腓肠肌拉伸	15~30 秒 / 侧	动作详情见 P41
6 猫狗式 -胸椎伸展	8~10 次	动作详情见 P32

1
3
5
2
4
6

第 8 课

- **教学目标** 学习并掌握脚背不停球踢球动作
- **教学重点** 让学生熟练掌握脚背不停球踢球的动作要领，能够准确把握踢球时机
- **器材准备** 大号锥桶、足球、瑜伽垫、踏板若干

A. 热身方案 按顺序和要求完成以下 6 个动作 8~10 分钟

动作	重复次数 / 保持时间 / 行进距离	页码
1 振臂跳	30~60 秒 /20~30 米	动作详情见 P22
2 斜抱腿	8~10 次（左右算一次）	动作详情见 P7
3 踝关节八字跳	20~30 次（内外算一次）	动作详情见 P11
4 站姿股四头肌拉伸（动态）	8~10 次（左右算一次）	动作详情见 P46
5 弓步跳	20~30 次（左右算一次）	动作详情见 P15
6 侧弓步 + 体前屈	8~10 次（左右算一次）	动作详情见 P26

1
2
3
4
5
6

B. 技术教学：脚背不停球踢球 8~15 分钟

1
2
3

1. 讲解并示范脚背不停球踢球动作。
2. 强调动作要领。
3. 指导学生模仿动作，可以根据人数让学生进行分组练习。
4. 对学生的动作进行点评与纠正。

动作详情见 P55

C. 组织训练：往返传球

16~25 分钟

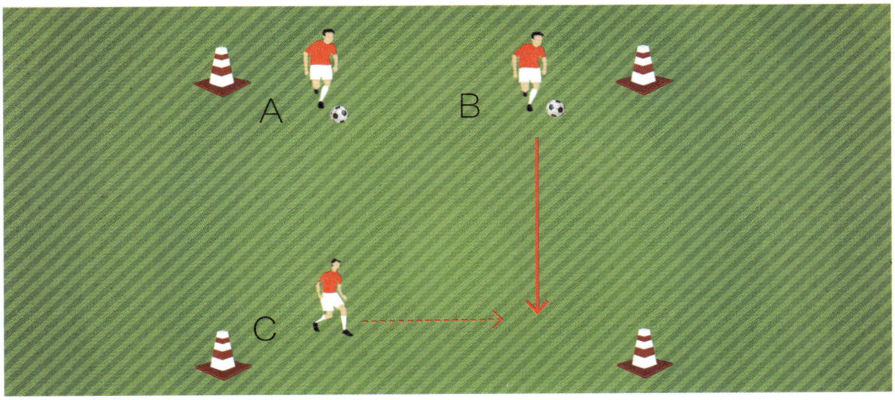
A
B
C

1. 教师组织训练并讲解规则。
2. 教师发出开始口令后，无球学生开始向空余的角落跑动。同时，学生 B 开始使用脚弓传球的方式将球传给学生 C。学生 C 使用脚背不停球踢球的方式将球回传给对方，然后赶紧向刚刚空出的角落跑去，准备接学生 A 传来的球并回传给对方。学生 C 循环进行往返传球，传球 10 次后，3 人轮换继续进行。

训练详情见 P72

D. 放松方案

按顺序和要求完成以下 6 个动作

8~10 分钟

动作	重复次数 / 保持时间 / 行进距离	页码
1 站姿股四头肌拉伸（静态）	15~30 秒 / 侧	动作详情见 P46
2 体前屈（站姿）	15~30 秒	动作详情见 P42
3 鸽子式拉伸	15~30 秒 / 侧	动作详情见 P38
4 一字马拉伸内收肌	15~30 秒	动作详情见 P40
5 站姿拉伸小腿	15~30 秒 / 侧	动作详情见 P43
6 跪姿背阔肌拉伸	15~30 秒	动作详情见 P31

1
2
3
4
5
6

第 9 课

- **教学目标** 学习并掌握脚面颠球动作
- **教学重点** 让学生熟练掌握脚面颠球的动作要领，培养学生的球感
- **器材准备** 大号锥桶、足球、瑜伽垫、胶带若干

A. 热身方案 按顺序和要求完成以下 6 个动作

8~10 分钟

动作	重复次数 / 保持时间 / 行进距离	页码
1 对侧肘碰膝垫步跳	20~30 次（左右算一次）	动作详情见 P24
2 斜抱腿	8~10 次（左右算一次）	动作详情见 P7
3 十字象限跳	10 次（前后左右算一次）	动作详情见 P16
4 向后弓步 + 旋转	8~10 次（左右算一次）	动作详情见 P19
5 俯卧登山步	20~30 次（左右算一次）	动作详情见 P13
6 最伟大拉伸	8~10 次（左右算一次）	动作详情见 P23

1
2
3
4
5
6

B. 技术教学：颠球

8~15 分钟

1
2
3

1. 讲解并示范颠球动作。
2. 强调动作要领。
3. 指导学生模仿动作，可以根据人数让学生进行分组练习。
4. 对学生的动作进行点评与纠正。

动作详情见 P56

C. 组织训练：3 人颠球赛

16~25 分钟

1. 教师组织训练并讲解规则。
2. 教师发出开始口令后，3 名学生可用身体的任意部位，如脚背、胸部、头部、大腿等传接球，但必须在空中传接球。其间尽量不要使球掉在地上，60 秒内完成颠球次数最多的组获胜。

训练详情见 P73

D. 放松方案

按顺序和要求完成以下 6 个动作

8~10 分钟

动作	重复次数 / 保持时间 / 行进距离	页码
1 半跪姿股四头肌拉伸	15~30 秒 / 侧	动作详情见 P30
2 单腿屈髋（静态）	15~30 秒 / 侧	动作详情见 P45
3 一字马拉伸内收肌	15~30 秒	动作详情见 P40
4 麻花拉伸	15~30 秒 / 侧	动作详情见 P39
5 腓肠肌拉伸	15~30 秒 / 侧	动作详情见 P41
6 跪姿背阔肌拉伸	15~30 秒	动作详情见 P31

1
2
3
4
5
6

第 10 课

- **教学目标** 学习并掌握单脚向后拖球
- **教学重点** 让学生熟练掌握单脚向后拖球的动作要领，提高其灵敏性，增强其平衡感
- **器材准备** 大号锥桶、足球、瑜伽垫、胶带若干

A. 热身方案 按顺序和要求完成以下 6 个动作 8~10 分钟

动作	重复次数 / 保持时间 / 行进距离	页码
1 徒手蹲 –相扑式	20~30 次	动作详情见 P14
2 向后弓步走 –腘绳肌拉伸	8~10 次（左右算一次）	动作详情见 P20
3 十字象限跳	10 次（前后左右算一次）	动作详情见 P16
4 毛毛虫爬	8~10 次 /8~10 米	动作详情见 P9
5 弓步跳	20~30 次（左右算一次）	动作详情见 P15
6 最伟大拉伸	8~10 次（左右算一次）	动作详情见 P23

1
2
3
4
5
6

B. 技术教学：单脚向后拖球 8~15 分钟

1
2
3

4

1. 讲解并示范单脚向后拖球动作。
2. 强调动作要领。
3. 指导学生模仿动作，可以根据人数让学生进行分组练习。
4. 对学生的动作进行点评与纠正。

动作详情见 P57

C. 组织训练：带球转身

16~25 分钟

2
3
1
4

1. 教师组织训练并讲解规则。

2. 教师发出开始口令后，每组第 1 名学生将球带到 2 号锥桶和 3 号锥桶之间的终点线处，之后用单脚向后拖球的方法，转身将球带回起始位置，再由本组下一名学生接力，依次完成相同内容，最快完成接力的组获胜。

训练详情见 P74

D. 放松方案 按顺序和要求完成以下 6 个动作

8~10 分钟

动作	重复次数 / 保持时间 / 行进距离	页码
1 侧卧股四头肌拉伸	15~30 秒 / 侧	动作详情见 P33
2 体前屈（坐姿）	15~30 秒	动作详情见 P42
3 鸽子式拉伸	15~30 秒 / 侧	动作详情见 P38
4 坐姿蝶式拉伸	15~30 秒	动作详情见 P37
5 腓肠肌拉伸	15~30 秒 / 侧	动作详情见 P41
6 猫狗式 -胸椎伸展	8~10 次	动作详情见 P32

1
2
3
4
5
6

第 11 课

- **教学目标** 学习并掌握脚内侧带球跑动作
- **教学重点** 让学生熟练掌握传球和带球跑的动作技巧，学会用适宜的力量进行脚内侧带球跑
- **器材准备** 大号锥桶、小号锥桶、足球、瑜伽垫若干

A. 热身方案 按顺序和要求完成以下 6 个动作

8~10 分钟

动作	重复次数 / 保持时间 / 行进距离	页码
1 开合跳	20~30 次	动作详情见 P18
2 侧弓步 + 体前屈	8~10 次（左右算一次）	动作详情见 P26
3 碎步跑	30~60 秒 /20~30 米	动作详情见 P17
4 向后弓步 + 旋转	8~10 次（左右算一次）	动作详情见 P19
5 波比跳	15~20 次	动作详情见 P12
6 毛毛虫爬	8~10 次 /8~10 米	动作详情见 P9

1
2
3
4
5
6

B. 技术教学：脚内侧带球跑

8~15 分钟

1

2

3

1. 讲解并示范脚内侧带球跑动作。
2. 强调动作要领。
3. 指导学生模仿动作，可以根据人数让学生进行分组练习。
4. 对学生的动作进行点评与纠正。

动作详情见 P58

C. 组织训练：带球接力赛

16~25 分钟

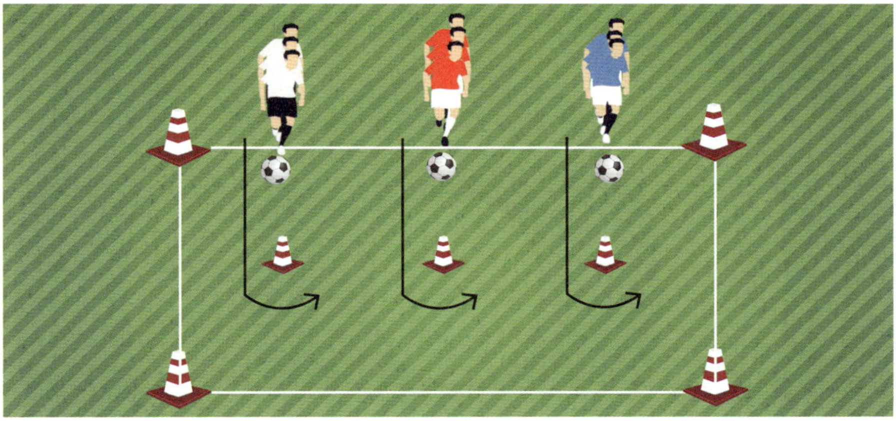

1. 教师组织训练并讲解规则。
2. 教师发出开始口令后，每组的第 1 名学生开始向前带球，一直将球带到小号锥桶处，然后绕过小号锥桶把球带回来。第 1 名学生在带球回来并越过侧边后，和下一名学生形成接力。持续训练 10 次，每次结束后都稍作休息。每次取得第 1 名的小组得 3 分，第 2 名得 2 分，第 3 名得 1 分，最后总分最高的小组获胜。

训练详情见 P75

D. 放松方案

按顺序和要求完成以下 6 个动作

8~10 分钟

动作	重复次数 / 保持时间 / 行进距离	页码
1 半跪姿股四头肌拉伸	15~30 秒 / 侧	动作详情见 P30
2 单腿屈髋（静态）	15~30 秒 / 侧	动作详情见 P45
3 仰卧抱膝拉伸臀大肌	15~30 秒	动作详情见 P34
4 麻花拉伸	15~30 秒 / 侧	动作详情见 P39
5 侧弓步（静态）	15~30 秒 / 侧	动作详情见 P44
6 腓肠肌拉伸	15~30 秒 / 侧	动作详情见 P41

1
2
3
4
5
6

第 12 课

- **教学目标** 学习并掌握脚内侧带球变向
- **教学重点** 让学生熟练掌握传球和带球跑的技巧，以及脚内侧带球变向的动作要领
- **器材准备** 大号锥桶、足球与瑜伽垫若干

A. 热身方案

按顺序和要求完成以下 6 个动作　8~10 分钟

动作	重复次数 / 保持时间 / 行进距离	页码
1 对侧肘碰膝垫步跳	20~30 次（左右算一次）	动作详情见 P24
2 单腿屈髋（动态）	8~10 次（左右算一次）	动作详情见 P45
3 高抬腿	30~60 秒 /20~30 米	动作详情见 P25
4 侧弓步（动态）	8~10 次（左右算一次）	动作详情见 P44
5 俯卧登山步	20~30 次（左右算一次）	动作详情见 P13
6 燕式平衡 + 体前屈	8~10 次（左右算一次）	动作详情见 P29

1
2
3
4
5
6

B. 技术教学：脚内侧带球变向

8~15 分钟

1

2

3

1. 讲解并示范脚内侧带球变向动作。
2. 强调动作要领。
3. 指导学生模仿动作，可以根据人数让学生进行分组练习。
4. 对学生的动作进行点评与纠正。

动作详情见 P59

C. 组织训练：猎犬与兔子

16~25 分钟

1. 教师组织训练并讲解规则。
2. 教师指定 2 名学生为“猎犬”，“猎犬”站在场地外；其余学生则为“兔子”，使用脚内侧带球变向技术，在场地内自由带球。教师发出开始口令后，“猎犬”进入场地追赶“兔子”，需将“兔子”的球抢下来；“兔子”可以灵活带球，躲避“猎犬”。如果球被抢下，则“兔子”转变为“猎犬”去抢其他“兔子”的球；抢球成功的“猎犬”则转变为“兔子”，继续在场地内带球。

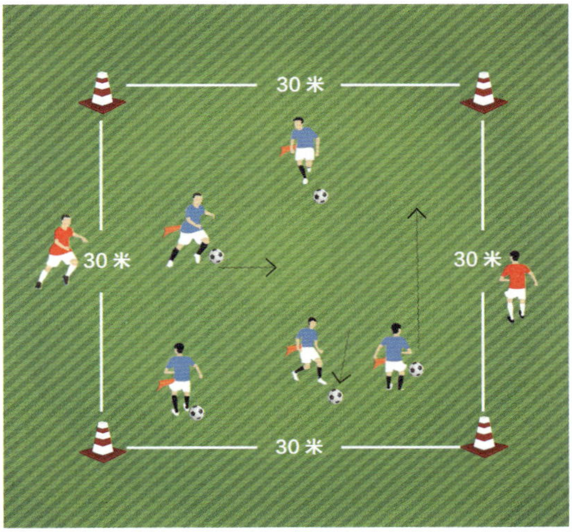
30 米
30 米
30 米
30 米

训练详情见 P76

D. 放松方案

按顺序和要求完成以下 6 个动作

8~10 分钟

动作	重复次数 / 保持时间 / 行进距离	页码
1 半跪姿股四头肌拉伸	15~30 秒 / 侧	动作详情见 P30
2 单腿屈髋（静态）	15~30 秒 / 侧	动作详情见 P45
3 一字马拉伸内收肌	15~30 秒	动作详情见 P40
4 麻花拉伸	15~30 秒 / 侧	动作详情见 P39
5 腓肠肌拉伸	15~30 秒 / 侧	动作详情见 P41
6 跪姿背阔肌拉伸	15~30 秒	动作详情见 P31

1
2
3
4
5
6

第 13 课

- **教学目标** 学习并掌握移动控球的方法
- **教学重点** 让学生熟练掌握传球和带球跑的技巧，以及快速带球移动和急停时的控球技巧
- **器材准备** 大号锥桶、足球、瑜伽垫、胶带若干

A. 热身方案 按顺序和要求完成以下 6 个动作

8~10 分钟

动作	重复次数 / 保持时间 / 行进距离	页码
1 屈髋外展跳	20~30 次（左右算一次）	动作详情见 P10
2 单腿屈髋（动态）	8~10 次（左右算一次）	动作详情见 P45
3 侧滑连续并步	30~60 秒 /20~30 米	动作详情见 P27
4 向后弓步 + 旋转	8~10 次（左右算一次）	动作详情见 P19
5 十字象限跳	10 次（前后左右算一次）	动作详情见 P16
6 侧弓步 + 体前屈	8~10 次（左右算一次）	动作详情见 P26

1
2
3
4
5
6

B. 技术教学：移动控球

8~15 分钟

1

2

3

1. 讲解并示范移动控球动作。
2. 强调动作要领。
3. 指导学生模仿动作，可以根据人数让学生进行分组练习。
4. 对学生的动作进行点评与纠正。

动作详情见 P60

C. 组织训练："袭击者"来了

16~25 分钟

安全区
安全区

1. 教师组织训练并讲解规则。

2. 教师发出开始口令后，位于安全区的学生带球穿过场内，以到达另一个安全区为目标，其间，需要将球始终控制在自己脚下。"袭击者"则需要抢球，阻止他们到达安全区。带球者如果顺利到达对面安全区，则在这里等待其他学生带球到达，然后一起返回原来的安全区。就这样来回带球，"袭击者"需要不断将带球者的球踢走，直到最后只剩下 3 名带球者，首轮训练结束。这 3 名带球者则成为下一轮训练中的"袭击者"。

训练详情见 P77

D. 放松方案

按顺序和要求完成以下 6 个动作

8~10 分钟

动作	重复次数 / 保持时间 / 行进距离	页码
1 侧卧股四头肌拉伸	15~30 秒 / 侧	动作详情见 P33
2 体前屈（坐姿）	15~30 秒	动作详情见 P42
3 4 字拉伸	15~30 秒 / 侧	动作详情见 P35
4 坐姿蝶式拉伸	15~30 秒	动作详情见 P37
5 腓肠肌拉伸	15~30 秒 / 侧	动作详情见 P41
6 猫狗式 –胸椎伸展	8~10 次	动作详情见 P32

1

2

3

4

5

6

第 14 课

■ **教学目标** 学习并掌握推射动作

■ **教学重点** 让学生熟练掌握推射的动作要领，能够有力、准确地射门

■ **器材准备** 足球、踏板、瑜伽垫、胶带若干

A. 热身方案 按顺序和要求完成以下 6 个动作 8~10 分钟

动作	重复次数 / 保持时间 / 行进距离	页码
1 后踢腿	30~60 秒 /20~30 米	动作详情见 P28
2 站姿股四头肌拉伸（动态）	8~10 次（左右算一次）	动作详情见 P46
3 高抬腿	30~60 秒 /20~30 米	动作详情见 P25
4 侧弓步（动态）	8~10 次（左右算一次）	动作详情见 P44
5 十字象限跳	10 次（前后左右算一次）	动作详情见 P16
6 毛毛虫爬	8~10 次 /8~10 米	动作详情见 P9

1
2
3
4
5
6

B. 技术教学：推射 8~15 分钟

1
2
3

1. 讲解并示范推射动作。
2. 强调动作要领。
3. 指导学生模仿动作，可以根据人数让学生进行分组练习。
4. 对学生的动作进行点评与纠正。

动作详情见 P61

C. 组织训练：接传球射门 16~25 分钟

A
射门
B
传球
D
C
传球
射门
E

1. 教师组织训练并讲解规则。
2. 训练开始后，球员 B 向球员 C 传球，球员 C 接到传球后，用脚向球门 A 推射。球员 D 向球员 C 传球，球员 C 向球门 E 推射。进行 6 次射门之后，各球员互换角色。5 分钟后，换下一组进行。

训练详情见 P78

D. 放松方案 按顺序和要求完成以下 6 个动作 8~10 分钟

动作	重复次数 / 保持时间 / 行进距离	页码
1 站姿股四头肌拉伸（静态）	15~30 秒 / 侧	动作详情见 P46
2 体前屈（站姿）	15~30 秒	动作详情见 P42
3 鸽子式拉伸	15~30 秒 / 侧	动作详情见 P38
4 一字马拉伸内收肌	15~30 秒	动作详情见 P40
5 站姿拉伸小腿	15~30 秒 / 侧	动作详情见 P43
6 跪姿背阔肌拉伸	15~30 秒	动作详情见 P31

1
2
3
4
5
6

第 15 课

- **教学目标** 学习并掌握带球绕杆动作
- **教学重点** 让学生熟练掌握带球绕杆的动作要领，能够在带球时保持正确的身体姿势
- **器材准备** 旗杆（或锥桶）、足球、瑜伽垫、胶带若干

A. 热身方案 按顺序和要求完成以下 6 个动作 8~10 分钟

动作	重复次数 / 保持时间 / 行进距离	页码
1 屈髋外展跳	20~30 次（左右算一次）	动作详情见 P10
2 单腿屈髋（动态）	8~10 次（左右算一次）	动作详情见 P45
3 弓步跳	20~30 次（左右算一次）	动作详情见 P15
4 侧弓步 + 体前屈	8~10 次（左右算一次）	动作详情见 P26
5 十字象限跳	10 次（前后左右算一次）	动作详情见 P16
6 毛毛虫爬	8~10 次 /8~10 米	动作详情见 P9

1
2
3
4
5
6

B. 技术教学：带球绕杆 8~15 分钟

1. 讲解并示范带球绕杆动作。
2. 强调动作要领。
3. 指导学生模仿动作，可以根据人数让学生进行分组练习。
4. 对学生的动作进行点评与纠正。

1
2
3

动作详情见 P62

C. 组织训练：带球绕杆后射门

16~25 分钟

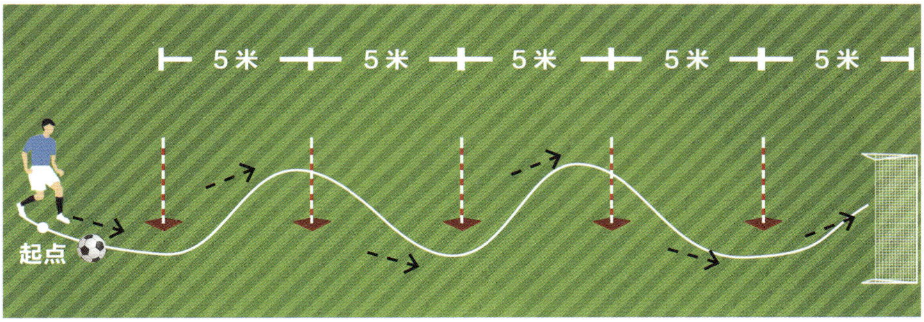
5米
5米
5米
5米
5米
起点

1. 教师组织训练并讲解规则。
2. 教师发出开始口令后，学生依次带球绕杆，当绕过最后一个杆后，以地滚球方式射门。每进一个球，得 1 分。4 个回合后，分数最高的学生获胜。

训练详情见 P79

D. 放松方案

按顺序和要求完成以下 6 个动作

8~10 分钟

动作	重复次数 / 保持时间 / 行进距离	页码
1 侧卧股四头肌拉伸	15~30 秒 / 侧	动作详情见 P33
2 体前屈（坐姿）	15~30 秒	动作详情见 P42
3 4 字拉伸	15~30 秒 / 侧	动作详情见 P35
4 坐姿蝶式拉伸	15~30 秒	动作详情见 P37
5 腓肠肌拉伸	15~30 秒 / 侧	动作详情见 P41
6 猫狗式 -胸椎伸展	8~10 次	动作详情见 P32

1
3
5
2
4
6

第 16 课

- **教学目标** 学习并掌握接低平球动作
- **教学重点** 让学生熟练掌握接低平球的动作要领，能够稳定地接住来球
- **器材准备** 大号锥桶、足球、瑜伽垫若干

A. 热身方案 按顺序和要求完成以下 6 个动作

8~10 分钟

动作	重复次数 / 保持时间 / 行进距离	页码
1 开合跳	20~30 次	动作详情见 P18
2 向后弓步 + 旋转	8~10 次（左右算一次）	动作详情见 P19
3 弓步跳	20~30 次（左右算一次）	动作详情见 P15
4 斜抱腿	8~10 次（左右算一次）	动作详情见 P7
5 踝关节八字跳	20~30 次（内外算一次）	动作详情见 P11
6 最伟大拉伸	8~10 次（左右算一次）	动作详情见 P23

1
2
3
4
5
6

B. 技术教学：接低平球

8~15 分钟

1. 讲解并示范接低平球动作。
2. 强调动作要领。
3. 指导学生模仿动作，可以根据人数让学生进行分组练习。
4. 对学生的动作进行点评与纠正。

1

2

3

动作详情见 P63

C. 组织训练：接低平球比赛

16~25 分钟

1. 教师组织训练并讲解规则。

2. 教师发出开始口令后，场地球员分别在两个半场上随机带球跑动。几秒后，教师喊出一个场地球员的名字，该场地球员听到后迅速向对方半场的守门员踢出一个低平球，对方半场的守门员接球后再将球返给该场地球员。之后每隔几秒，教师就喊出一个场地球员的名字。学生们照此方式循环训练。守门员如果没有顺利接住球，则扣 1 分，比赛结束后扣分最少的学生获胜。5 分钟后，换下一组进行。

训练详情见 P80

D. 放松方案

按顺序和要求完成以下 6 个动作

8~10 分钟

动作	重复次数 / 保持时间 / 行进距离	页码
1 半跪姿股四头肌拉伸	15~30 秒 / 侧	动作详情见 P30
2 单腿屈髋（静态）	15~30 秒 / 侧	动作详情见 P45
3 仰卧抱膝拉伸臀大肌	15~30 秒	动作详情见 P34
4 麻花拉伸	15~30 秒 / 侧	动作详情见 P39
5 侧弓步（静态）	15~30 秒 / 侧	动作详情见 P44
6 腓肠肌拉伸	15~30 秒 / 侧	动作详情见 P41

1
2
3
4
5
6

第6章

常见运动损伤与预防

足球属于同场竞技类项目，足球运动中运动员活动范围大、跑动多、对抗强，比赛时间长。运动员需要在复杂的比赛环境中进行多方向跑动、对抗、跳跃等。这一特点决定了足球运动员容易受到自身、对手和环境等多方面影响，从而导致运动损伤。儿童青少年运动员处于身体快速发育阶段，对足球项目的认知、技术水平可能还不够高，使其更容易出现运动损伤。本章将从青少年生理特点出发，主要介绍足球运动员常见的运动损伤与预防方法。

6.1 儿童青少年生理特点与运动损伤的关系

- **骨骼特点**

软骨成分多，水分多，有机物质多，无机盐少，骨松质较多，骨密质较少；虽然富有弹性，却不坚固。

→ 骨头不容易发生完全骨折，不过容易弯曲、变形。

- **肌肉特点**

水分多，无机盐、蛋白质、脂肪少。

→ 肌肉收缩机能差、耐力差，比较容易产生疲劳。

- **神经特点**

神经活动不稳定，不易抑制，容易兴奋。

→ 注意力不集中。

- **关节特点**

关节面软骨厚，关节囊、韧带的延展性好，周围肌肉细长；关节活动范围大，但牢固性差。

→ （有较大外力作用时）关节脱位。

骨骼 ↓ 弯曲、变形	肌肉 ↓ 疲劳	神经 ↓ 注意力不集中	关节 ↓ 脱位

6.2 足球运动中常见的运动损伤

● **运动损伤的定义**

运动损伤是指在参加运动或锻炼时发生的组织损伤。根据损伤的部位，可将其分为：骨骼系统损伤，韧带和关节损伤，肌肉和肌腱损伤。

骨骼系统损伤

● **骨挫伤**

接触类体育运动中的常见损伤，是发生在骨头上的直接创伤，但不会导致骨折。儿童青少年由于肌肉骨骼系统尚未发育成熟，在运动中容易发生骨挫伤，多见于脚踝、手腕以及坐骨处。

● **急性骨折**

骨骼突然弯曲、扭曲或受压而发生立即断裂，有明显局部疼痛和肿胀。常见于高对抗类体育运动中。

● **应力性骨折**

因过度使用而导致的骨骼损伤，是正常骨骼受到反复应力作用而导致的微骨折，需借助 MRI 或 CT 才能确诊。

韧带和关节损伤

● **踝关节损伤**

踝关节扭伤是足球运动中比较高发的运动损伤。通常运动员在进攻或防守中发生冲撞、抢球、护球时容易发生踝关节扭伤。踝关节扭伤容易引发外侧三角韧带拉伤，同时容易使距骨前移造成踝关节灵活性降低。

此外，跟腱损伤也是足球项目中的一种多发伤病，通常由启动蹬地突破引起。

- 膝关节损伤

足球运动员在高速状态下急转急停、对抗时，尤其是在体力不足的情况下容易引发膝关节的扭伤。膝关节扭伤通常会引发半月板撕裂，同时伴随内侧副韧带、前交叉韧带的损伤等。

- 髋关节损伤

髋关节是下肢最灵活的关节，所有的跑动类项目都需要强韧有力、灵活协调的髋关节。在足球项目中，腹股沟韧带拉伤是运动员常见的髋关节损伤。腹股沟韧带位于小腹斜下侧靠近大腿位置，通常侧向蹬伸、转身冲刺易引起拉伤。另外，在运动员受到制动或摔倒时也容易引发盂唇损伤。

肌肉和肌腱损伤

- 股四头肌拉伤

股四头肌是下肢大肌群肌肉之一，位于大腿前侧，容易在空中对抗、快跑时因肌肉快速离心收缩引起拉伤。

- 腘绳肌拉伤

腘绳肌是蹬伸加速的主要发力肌肉，位于大腿后侧，容易在加速或摆脱防守的急起急停时引起拉伤。

- 内收肌群拉伤

足球运动员在踢球、转身蹬伸时，下肢过猛用力导致内收或内侧肌肉过度离心，从而引起拉伤。

- 肌腱炎

由重复运动或受伤引起的肌腱或肌腱周围的肌腱鞘发炎也是常见的肌肉损伤。这一损伤主要是由过度使用或用力方式不正确引起的，常见的肌腱炎有肱骨外上髁炎（即网球肘）、胫骨结节炎、足底筋膜炎等。

6.3 运动损伤应急处理

常见运动损伤的应急处理

运动必然伴随损伤风险，特别是针对儿童青少年群体，面对突发损伤情况，老师、教练或家长正确、及时的应急处理可以最大程度地保护伤者，减少炎症发生、缓解疼痛加剧以及避免二次创伤。下文提供了几类急性损伤的应急处理方法，但主要是针对伤情不严重的情况，教练或家长应该对儿童青少年受伤情况的轻重缓急做出基本或准确的判断，在面对伤势较重或无法处理的情况时，应及时寻找专业医务人士或抓紧去医院治疗，不要耽误时机。

开放性软组织损伤

开放性软组织损伤主要表现为受伤部位的皮肤或粘膜有破损，形成伤口或组织外露，由于伤口存在感染危险，如果早期处理不当，容易引发感染，甚至危及生命。

开放性软组织损伤的处理原则为止血和防止伤口感染。

- **压迫止血**

使用干净的衣物填充压迫伤口止血。四肢大出血时应采用止血带，但需定时放松，防止肢体坏死。止血后应当及时就医。

- **抬高患肢**

使出血部位高于心脏，降低该处血压，减少血流量，从而止血。主要用于四肢少量出血的情况。

- **冰敷**

一般与前两种方式同时使用，进行止痛、止血、减少肿胀。

- **清洁消毒**

先用碘伏或酒精消毒液对创口进行消毒，再用纱布或创可贴对受伤部位进行包扎处理，随后及时就医。

闭合性软组织损伤

闭合性软组织损伤主要表现为局部皮肤或粘膜完整，无伤口与外界相通，损伤时的出血积聚在组织内。当身体受钝力作用，肌肉猛烈收缩，关节活动超越正常范围或劳损时通常会引起闭合性软组织损伤。该类损伤中急性多于慢性，若急性损伤治疗不当、不及时或过早参加训练，可能会转化为慢性损伤。

轻微至中等闭合性软组织损伤通常采用国际通用 POLICE 应急处理原则。

- **P——Protect：保护**

当损伤发生后，应立刻停止运动，保护受伤部位，在他人帮助下尽快离开运动场所。如果受伤后无法自主活动，应在安全的情况下，尽可能以适当的保护工具或姿势进行防护，避免受伤处加重或受二次创伤。

- **OL——Optimal Loading：最优负荷**

从受伤时起（特别是关节扭伤后），可在有保护和不引起受伤部位明显疼痛的前提下，采用适当负荷进行积极性的活动。适当负荷刺激可以促进细胞反应和组织结构重塑，这种轻柔舒缓的活动有利于恢复。须注意的是，在活动过程中要合理控制强度，对受伤的部位持续加以保护。

- **I——Ice：冰敷**

一般受伤后不超过 24 小时都可以选择冰敷，单次冰敷以 10 ~ 20 分钟为宜，冰敷可以有效控制受伤部位的肿胀和炎症，并在一定程度上缓解疼痛。如果没有合适的冰袋，可先用凉水冲洗，再寻找合适冰敷装置。须注意的是，对于儿童青少年，一般不将冰袋直接与其皮肤接触，最好在皮肤和冰袋之间垫层毛巾，以避免冻伤。如果是冰敷关节部位，可以每 5 分钟拿开冰袋，稍微活动下关节再继续。

- **C——Compression：加压包扎**

加压包扎的方法要配合冰敷，使用有弹力的绷带将冰袋绑在受伤处，捆绑的时候稍稍用力，根据主观的疼痛感觉，给予一定的压力。加压的主要作用是帮助控制或减少肿胀，并通过对四肢施压增大组织压力从而减少内出血，同时也有减缓伤口发炎、减少组织液渗出的作用。

- **E——Elevation：抬高**

抬高是将受伤的部位抬高，原则上 48 小时内都应该抬高患肢，患肢抬高的高度至少超过心脏位置，如果是上肢受伤可以借助吊带将肢体吊起，如果下肢受伤可以使用坐姿抬高腿或平躺时腿下垫个枕头。抬高的目的是加速血液和淋巴液回流，通过减少组织液渗出减轻患肢水肿，从而缓解疼痛和加速康复。

6.4 常见运动损伤的预防

儿童青少年运动损伤预防主要原则

儿童青少年运动损伤预防主要原则

1. 提高风险意识，预防和运动同等重要
2. 有专业人士（教师、教练）监护和指导
3. 创造安全的运动环境
4. 提升运动时的专注度和注意力
5. 遵循科学训练原则，循序渐进

儿童青少年运动损伤预防主要措施

- **运动前做好充分的准备活动**

每次运动前都必须有热身或准备活动环节。热身活动可以提高机体温度，促进血液循环，提高肌肉的收缩性能，有效降低肌肉的粘滞性，增加关节活动幅度，减少损伤的发生概率。

- **注重基本技术动作练习**

错误的动作往往是运动损伤的潜在诱因，特别是针对儿童青少年，一定要注重体能训练、运动专项的练习质量，形成正确、合理的动作模式，训练中动作质量重要程度远远高于动作数量。

- **选择运动服饰和佩戴防护装备**

儿童青少年运动时一定选择舒适的运动衣服和合适大小的运动鞋，此外，进行篮球、足球、自行车等各项专项运动时，需要佩戴一些必备的专业护具，比如护膝、护腿板、头盔、防摔衣等。

重视基础体能，提高体能水平

儿童青少年无论学习哪一种体育项目，都要注重基础体能的练习。在基础体能和专项技术之间，应该先提升孩子的基础运动技能，有了正确的动作模式和一定的力量、速度、爆发力、灵敏、协调等方面的身体素质，并加强了骨骼肌肉系统和神经肌肉控制系统之后，再参加竞技性体育运动才是最好的选择，这不仅将大幅降低儿童青少年运动损伤的发生概率，还有助于更好的运动表现。

训练后及时恢复放松

锻炼后及时进行放松，是一种从小就需要养成的良好运动习惯。尽管儿童青少年生长激素水平高，新陈代谢和疲劳消除都很快，但同样也需要在运动后使用静态拉伸、软组织松解等恢复放松手段，从而取得更好的恢复效果，同时提升儿童青少年的柔韧性和肌肉弹性，预防运动损伤。